TOM TRAVELLER

UND

Der Fluch des Schwarzen Ritters

Wer ist Frank Stieper?

Hallo, ich bin Tom. Tom Traveller. Ich soll hier etwas über meinen Autor Frank Stieper sagen. Na ja, mittlerweile ist er schon ein Grufti, satte achtunddreißig Jahre alt. Er lebt in der Lüneburger Heide. Da, wo die Schafe herkommen. Verheiratet ist er auch. Und er hat zwei Söhne. Aber vor allem hat er ständig irgendwelche Flausen im Kopf. Daraus macht er dann Bücher für Kinder und Jugendliche. Aber, pssst, nicht weitersagen: Eigentlich schreibt er die Bücher nur, damit niemand merkt, dass er in Wirklichkeit total verrückt ist . . .

TOM TRAVELLER UND Der Fluch des Schwarzen Ritters

Ein Abenteuer-Spiele-Buch

von Frank Stieper

Mit Bildern
von Silvia Christoph

Arena

In neuer Rechtschreibung

2. Auflage 2001

Einband und Illustrationen: Silvia Christoph
Gesamtherstellung: Westermann Druck Zwickau GmbH
ISBN 3-401-05036-2

Inhalt

Hallo, ich bin Tom

Genauer gesagt, Tom Traveller. Das ist mein Spitzname. Klingt cool, oder? Den hab ich mir übrigens selbst ausgedacht. Mein richtiger Name ist Thomas Müller. Ziemlich langweilig, nicht? Aber meine Abenteuer sind spitze. Und ich bin sozusagen der Held in diesem Buch. Aber . . . pssst. Komm mal näher heran: Natürlich nur, wenn du mir dabei hilfst.

Das hier auf dem Bild bin ich! Netter Kerl, oder? Ein richtiger Frauentyp. Stimmt, meine Haare sehen wirklich aus, als hätte ich eine verkorkste Dauerwelle, aber die Locken sind echt. Und wie du siehst, Sommersprossen hab ich auch. Nicht dass du denkst, mir hätte jemand Kakao ins Gesicht gespritzt. Übrigens, damit keine Missverständnisse auftreten, das sind keine Segelohren. Die hab ich absichtlich so hinoperieren lassen. Auf Silikon hab ich aus Gesundheitsgründen ganz und gar verzichtet. War ziemlich teuer der Spaß. Aber du wirst nicht glauben, wie gut ich damit jetzt hören kann. Wäre stark, wenn ich damit auch fliegen könnte.
Meine Hobbys sind: Lesen, lesen und . . . lesen. Meine Eltern sagen, ich wäre besessen vom Lesen. Sehe ich etwa so aus? Ja? Na ja, wenn ich ehrlich bin, meine Eltern haben Recht. Fantasy- und Abenteuerromane finde ich absolut megamäßig.

So habe ich die Zeitmaschine entdeckt

Die einzige Zeit, in der ich meine Nase nicht in Bücher stecke, sind die Sommerferien. Seit dem Tod meines Opas vor einigen Jahren ist meine Oma ziemlich einsam. Sie wohnt in einem gemütlichen Dörfchen irgendwo auf dem Land. Jedes Jahr in den großen Ferien besuche ich sie für ein paar Wochen. Sie ist meine Lieblingsoma, mit ihr kann ich über alles reden, sogar über Nadine aus meiner Klasse. Was man von meinem Freund Winni nicht behaupten kann. Meine Unterhaltungen mit ihm beschränken sich auf Computerspiele, Naturkatastrophen und Invasionen Außerirdischer.
Mein Opa, Theodor Müller, war Erfinder. Er hat viele irre Sachen gebaut. Obwohl ich bei einigen der herumstehenden Maschinen immer noch nicht so richtig weiß, wie sie funktionieren, geschweige denn, wofür er sie überhaupt erfunden hat. Manche Teile da-

von sind aber gar nicht so übel. Opas Erfindungen stehen alle auf dem Dachboden in seiner Erfinderkammer und verstauben. Meine Oma war schon ewig nicht mehr da oben. Sie schafft es nicht mehr, gefahrlos die steile Treppe hinaufzusteigen. Aber sie lässt mich gern hinaufklettern und freut sich, wenn ich Opas Erfindungen ausprobiere.

Im letzten Jahr erzählte sie mir, dass Opa seit einem nass-kalten Novembernachmittag vor vielen Jahren wie ausgewechselt war. Opa hatte wohl gerade im Garten eine seiner neuen Erfindungen ausprobiert, als sie hörte, wie er sich lautstark über das plötzlich hereinbrechende Gewitter aufregte. Wenige Sekunden später sah sie, wie Opa samt nasser Regenkleidung die steile Treppe zu seiner Kammer hinaufstürzte. Er hatte es so eilig, dass er mehrere Stufen auf einmal nahm und mehrmals stolperte und ausrutschte. In der Hand hielt er einen seltsam rot leuchtenden Kasten. Oma dachte, er hätte einen Radiowecker im Garten gefunden. Es musste aber etwas anderes gewesen sein, denn seit diesem Tag verbrachte Opa unzählige Stunden in seiner Erfinderkammer. Er sprach kein Wort über das, was er dort tat, auch nicht wenn Oma ihn danach fragte. Es war irgendwie eigenartig.

Ich musste diesem Geheimnis auf die Spur kommen, es ließ mir einfach keine Ruhe. Ich durchstöberte Opas Kammer, ohne recht zu wissen, was ich eigentlich suchte. Dann entdeckte ich etwas, verborgen unter einer alten verstaubten Decke: eine Art Raumschiff. Ich zitterte vor Neugierde und vorsichtig, ganz langsam öffnete ich die an der linken Seite angebrachte Klappe – es schien die Einstiegsluke zu sein. Die Innenwände der Maschine waren mit Korkplatten verkleidet. Überall hingen handgeschriebene Notizen. Darauf sah man Skizzen von fremdartigen Gegenständen und seltsame Symbole. Andere Zettel waren mit Ortsnamen, Uhrzeit und Datum versehen. Jede dieser Aufzeichnungen enthielt merkwürdige Zahlenkombinationen. Auf dem Boden der

Kiste stand ein ausrangierter Kinosessel und vor einer Art Windschutzscheibe, die irgendwie schwarz gefärbt war, befand sich eine Schalttafel mit Leuchtanzeigen, Navigationsinstrumenten und einer Vielzahl Schalter. Die Innenausstattung erinnerte mich an das Cockpit eines alten Propellerflugzeugs, wie man das aus alten Filmen so kennt. Und was meinst du, was in großen Buchstaben über der Schalttafel, direkt neben diesem radioweckerähnlichen Gerät stand? ZEITMASCHINE. Ist doch irre, oder?

Du bist mein Begleiter

Also, heute werde ich in dieser Maschine meine erste Zeitreise antreten. Und du begleitest mich. Das tust du doch, oder? Super! Ich als Fantasy-Fan werde mit der Zeitmaschine natürlich zuerst einmal in das Mittelalter reisen und dort ein hoffentlich aufregendes Abenteuer erleben. Allerdings musst du mir vorher noch verspre-

chen meinen Eltern niemals auch nur ein Sterbenswörtchen zu verraten. Wenn sie herausbekämen, dass ich mich in der Vergangenheit herumtreibe und haarsträubende Abenteuer bestehe, würden sie die totale Krise und ich bis ans Ende meiner Tage Einzelhaft kriegen. Und gefährlich kann es werden, das habe ich aus einigen Notizen meines Opas herauslesen können. Heb mal die rechte Hand und sprich mir nach: Ich schwöre bei meinen Großeltern, Eltern, Tanten, Onkel, Brüdern und zickigen Schwestern Toms Eltern niemals zu verraten, dass ihr starker und mutiger Sohn Tom im Alter von zwölf Jahren durch die Zeit reist und heldenhaft allerlei fiese Typen und lästiges Getier wie nix von der Piste fegt! Im Falle, dass ich mich versehentlich verplappere oder es seinen Eltern absichtlich verrate, bekommt er mein Taschengeld auf Lebenszeit, meinen Pentium-III-Computer, alle meine Computerspiele, meine Barbiepuppe, meine Lieblingsbücher samt Bücherregal und . . . hast du eigentlich auch die waterproofed Power-Watch-Armbanduhr mit Zeitansage und wasserfestem Polyacrylgehäuse? Nicht sauer sein . . . äh, du hast Recht, das müsste reichen.
So, kurz zur weiteren Vorgehensweise: Dieses Buch wird nicht wie ein Roman Seite für Seite durchgelesen, sondern abschnittsweise. Das gesamte Abenteuer ist in nummerierte Abschnitte eingeteilt. Aber halte dich fest, das Schräge an diesem Buch ist, dass du mich durch das Abenteuer führst und mir bei Kämpfen, bei der Lösung von Rätseln, genauer gesagt in allen Situationen, in die ich während des Abenteuers gerate, hilfreich zur Seite stehst. So entscheidest du nicht nur, welchen Weg ich einschlagen soll, sondern ob ich mit Personen sprechen oder mit Gegnern kämpfen, ob ich herumliegende Gegenstände nehmen oder bei Händlern etwas kaufen, Zauberkräfte anwenden oder Rätsel lösen soll. Alle diese Entscheidungen beeinflussen den weiteren Verlauf der Geschichte. Also, du bestimmst, wie die Geschichte verläuft und ausgeht. So

können wir gemeinsam sooft du möchtest wieder zurück in das Mittelalter reisen. Nie wird das Abenteuer so sein wie beim letzten Mal.
Denke daran, dass nicht jedes freundliche Wesen es auch gut mit mir meint. Ebenso könnten mir scheinbar böse Gestalten freundlich gesonnen sein. Es ist allein deine Entscheidung, ob du mich mit anderen reden oder mich lieber weiterziehen lässt. Manchmal ist es wichtig, dass ich Gegenstände mitnehme, die ich während des weiteren Verlaufs dringend brauchen könnte. Achte sorgfältig darauf, jeden neuen Gegenstand in das Logbuch einzutragen oder verloren gegangene bzw. aufgebrauchte Dinge wieder herauszustreichen! So hast du immer einen aktuellen Stand über den Inhalt meines Rucksacks.

So machst du Eintragungen im Zeitreisen-Logbuch

Während des Abenteuers erhalte ich Gegenstände, verliere sie oder verbrauche ihren Inhalt. Ich erhalte sogar Zauberkräfte. Das ist cool, denn Zauberkräfte kann ich bei Kämpfen oder als Heilmittel anwenden. Auch meine Stärke und meine Gesundheit ändern sich ständig während des Abenteuers. Das liegt daran, dass ich manchmal laufen oder kämpfen oder andere anstrengende Dinge machen muss, um weiterzukommen. Und da es ganz schön schwierig ist, sich alles zu merken, solltest du alle Gegenstände, die ich in meinem Rucksack aufbewahre oder verliere, meine Zauberkräfte und meine Stärke in das Zeitreisen-Logbuch eintragen. Das Logbuch findest du ganz am Ende des Buches. Am besten, du reißt dir eine Seite heraus und legst sie neben das Buch. So kannst du bequem alles Wichtige notieren.

Die Tabelle »Toms Rucksack«

Trage in der ersten Spalte mit der Überschrift »Gegenstand« den Namen des Gegenstands ein, der neu dazukommt. Ab der zweiten Spalte mit der Überschrift »Anzahl/Inhalt« trage jeweils die Anzahl (z. B. eine »1« für eine Taschenlampe) oder die Menge des Inhalts eines Gegenstands (z. B. eine »12« für den Inhalt des ledernen Geldbeutels mit zwölf Mark) ein. Jeder Gegenstand bekommt eine eigene Zeile in der Tabelle.

Erhalte ich einen Gegenstand, der sich bereits in meinem Rucksack befindet, oder wird der Inhalt eines meiner Gegenstände aufgefüllt, trage die neue Anzahl in die jeweils nächste freie Spalte ein! Geht ein Gegenstand verloren, dann trägst du eine »0« ein, so weißt du, dass sich dieser Gegenstand nicht mehr in meinem Rucksack befindet. Streiche wegen der besseren Übersicht die ganze Zeile des nicht mehr vorhandenen Gegenstands von der ersten bis zur letzten Spalte durch. Eine »0« als Anzahl kann aber auch bedeuten, dass ein Gegenstand leer ist (z. B. ein leerer Geldbeutel). Streiche hier aber nicht die Zeile durch, denn eventuell kann ich den Geldbeutel wieder auffüllen.

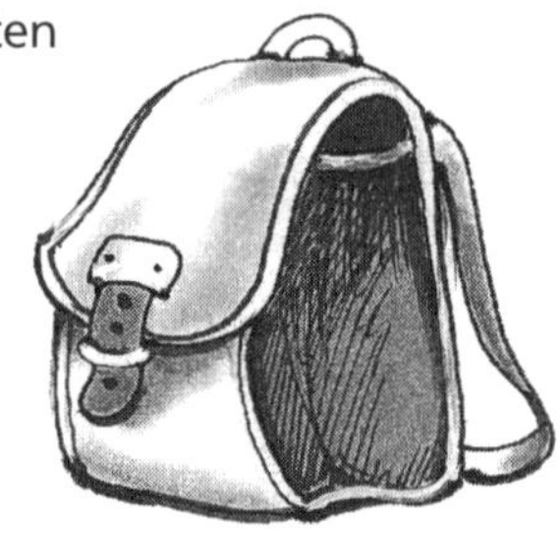

Die Tabelle »Toms Zauberkraft«

Kommen wir zur Zauberkraft. Magische Fähigkeiten werden mir durch magische Dinge wie dem magischen Stein oder der magischen Eichelranke verliehen. Heilen kann ich durch Kräuter, die ich bei der Kräuterhexe kaufe. Wenn ich Magie oder Heilmittel erhalte oder die Möglichkeit besteht, diese anzuwenden, dann erscheint das Symbol für Zauberkraft:

Du findest es auch neben der Tabelle »Toms Zauberkraft«. Schreibe in die erste Spalte den Namen des magischen Gegenstands (z. B. »Magischer Stein«) oder des Heilkrauts (z. B. »Schlafmohn«), in die zweite Spalte seine Wirkung (»Steinwandler« oder »Trollbissheiler«) und in die dritte Spalte wie viele Male ich die magische Kraft (z. B. »3«) oder das Heilkraut (»5« für fünf Stängel) anwenden kann. Nach jedem angewendeten Zauber oder jeder Heilung trage in die nächste freie Spalte eine Anzahl weniger ein, bis die ganze Magie oder jeder Stängel eines Heilkrauts verbraucht ist und als letzter Eintrag eine »0« in der Spalte steht. In diesem Fall streiche die gesamte Zeile durch!

Die Tabellen »Toms Stärke« und »Toms Gesundheit«

Wenn ich während des Abenteuers renne oder gegen üble Gestalten kämpfen muss, geht mir manchmal ganz schön die Puste aus. Das heißt, ich verliere an Stärke. Oder wenn mir Schaden zugefügt wird, leidet meine Gesundheit. An verschiedenen Stellen des Abenteuers habe ich die Möglichkeit, meine Stärke durch den Verzehr von Äpfeln oder einfach durch Ausruhen wieder aufzubauen oder meine Gesundheit durch Heilkräuter wieder herzustellen. Deshalb solltest du darauf achten, dass ich immer ausreichend mit Äpfeln und Heilkräutern eingedeckt bin.
Wenn du also Stärke oder Gesundheit aus dem Logbuch zuzählen oder abziehen musst, erscheinen die jeweiligen Symbole

Toms Stärke

Toms Gesundheit

und daneben die Anzahl der zuzuzählenden oder abzuziehenden Stärke- bzw. Gesundheitspunkte. Die Symbole für Stärke und Gesundheit findest du auch neben den Tabellen »Toms Stärke« und »Toms Gesundheit«. Die Anzahl der abzuziehenden oder anzufügenden Punkte sind neben dem Stärke- bzw. Gesundheitssymbol angegeben und die Ergebnisse müssen in die jeweils nächste freie Spalte eingetragen werden.
Die höchste Punktezahl für Stärke und Gesundheit ist 100. Wenn du während des Abenteuers Stärke oder Gesundheit zuzählen musst und das Ergebnis höher als 100 ist, trage trotzdem 100 Punkte in die nächste freie Spalte der Tabelle ein! Wenn ich meine Gesundheit komplett verliere und du eine »0« eintragen musst, ist das Abenteuer leider beendet und ich muss einen neuen Versuch starten. Du siehst also, wie wichtig es ist, auf meine Gesundheit zu achten!
Wie ich eben schon sagte, findest du die vorgedruckten Logbuchseiten am Ende des Buches. Falls du noch Fragen zum Logbuch hast, lies das Kapitel »Fragen und Antworten zum Zeitreisen-Logbuch«! Da beantworte ich dir deine Fragen ausführlich und mit Beispielen. Die erste Seite des Logbuchs dient nur als Beispiel. Für deine Abenteuer benutze die anderen, nicht ausgefüllten Formulare!

Wie wir Rätsel lösen

Manchmal werden wir auch auf das ein oder andere knifflige Rätsel stoßen. Diese sind mit einem Fragezeichen gekennzeichnet. Unsere Aufgabe wird es sein, diese Rätsel zu lösen. Klar, sonst geht die Geschichte nämlich nicht weiter. Meistens ergibt die Lösung die Nummer, bei der du weiterlesen musst. Damit du kontrollieren kannst, ob du die Aufgabe richtig gelöst hast, findest du bei dem richtigen Textabschnitt ein Ausrufungszeichen.

So führen wir Kämpfe durch

Wenn ich die Möglichkeit habe, einen Zweikampf durchzuführen, erscheint das Symbol für den Zweikampf.

Die Zahl neben dem Symbol bezeichnet die Stärke meines Gegners. Hat mein Gegner die Stärke 1, ist er ein leichter Gegner. Hier reicht mir und meinem Gegner ein einmaliges Würfeln, um den Kampf zu entscheiden. Die höhere Augenzahl gewinnt. Bei mittelschweren Gegnern mit Stärke 3 und schweren Gegnern mit Stärke 5 muss entweder ich oder mein Gegner drei- bzw. fünfmal die jeweils höhere Augenzahl haben, um zu siegen. Jeder Kampf dauert so lange an, bis der Sieger ermittelt ist. Der Ausgang eines Kampfes entscheidet über den weiteren Verlauf des Abenteuers.
Würfle immer erst für mich und dann für meinen Gegner! Trage die Augenzahlen Zug um Zug in die Kampfliste ein! Erst in die Spalte für mich (»Tom«) und danach in die Spalte für meinen Gegner (»Gegner«). Markiere pro Zug die jeweils höhere Augenzahl mit einem » + «! Mit dieser Markierung bekommst du einen Überblick darüber, wann der Kampf beendet ist. Ein Zug gilt als unentschieden, wenn beide Seiten die gleiche Augenzahl gewürfelt haben.
Übrigens, für Kämpfe kann ich auch Zauberkräfte anwenden.
Benutze für Zweikämpfe die vorgedruckten Kampflisten aus dem Anhang des Buches! Die erste Kampfliste ist nur ein Beispiel. Verwende die nächsten, nicht ausgefüllten Formulare für deine eigenen Eintragungen!

Wir bereiten uns vor

Komm ruhig herein! Das hier ist die Erfinderkammer meines Opas. Und das hier ist sie – die Zeitmaschine. Sieht cool aus, oder? Zunächst solltest du dir einen Bleistift und einen Würfel an die Seite legen. Du weißt ja, für das Logbuch. Falls du keinen Würfel zur Hand hast, benutze den Würfel, der jeweils unten auf den Buchseiten abgebildet ist! Um zu würfeln, blättere die Seiten wie bei einem Daumenkino durch und stoppe an einer beliebigen Stelle! Aber nicht schummeln!
Ich kann kaum abwarten, bis wir endlich starten können. Bevor es jedoch losgeht, musst du mir noch beim Packen helfen. Welche der sechs Grundausstattungen soll ich mitnehmen? Wenn du dich nicht entscheiden kannst, nimm einfach einen Würfel zur Hilfe und lasse die Augenzahl entscheiden! Bei einer Eins nehme ich Grundausstattung 1 mit auf die Zeitreise, bei einer Zwei die Grundausstattung 2 usw.

Ausstattung 1:
Spracheübersetzer, Feldflasche, Taschenlampe, Teleskopdolch, ein Beutel Feuerbohnen, lederner Geldbeutel mit zehn Mark, fünf Äpfel

Ausstattung 2:
Spracheübersetzer, Feldflasche, Taschenlampe, lederner Geldbeutel mit 16 Mark, drei Äpfel

Ausstattung 3:
Spracheübersetzer, Feldflasche, Taschenlampe, Teleskopdolch, lederner Geldbeutel mit acht Mark, zwei Äpfel, ein Beutel Feuerbohnen

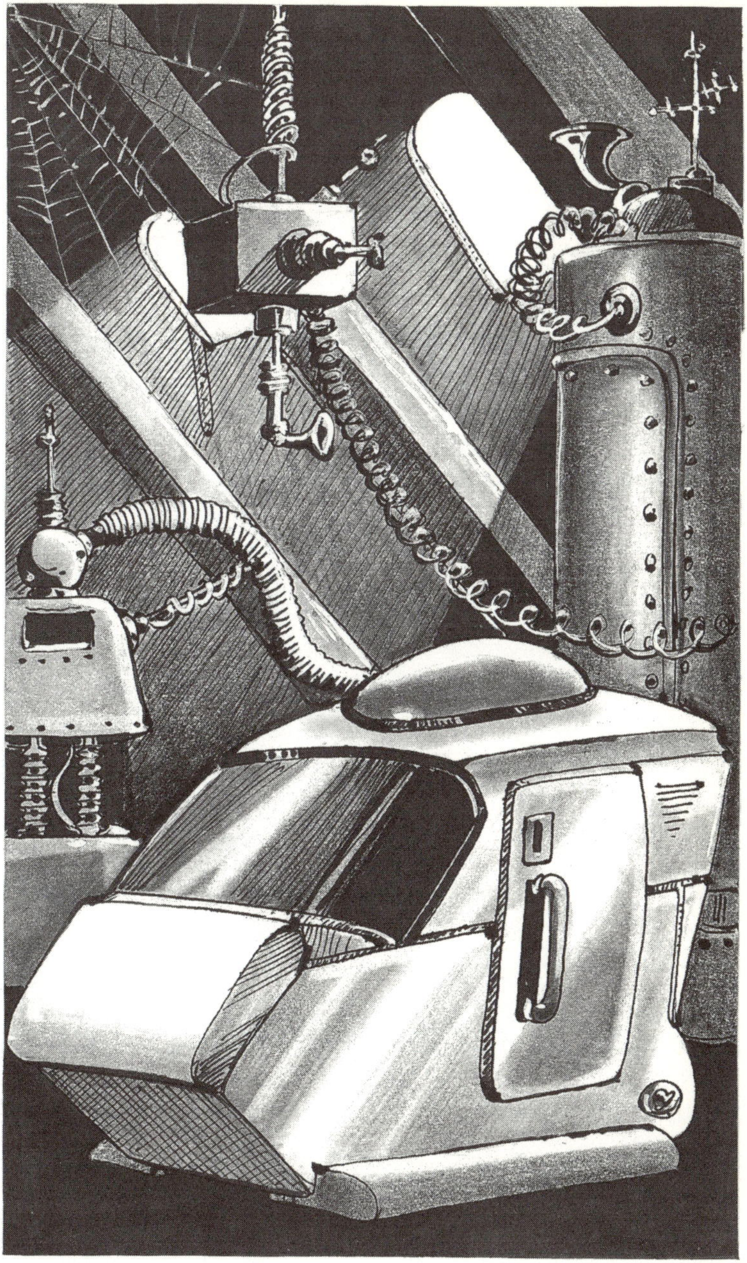

Ausstattung 4:
Spracheübersetzer, Feldflasche, Taschenlampe, Teleskopdolch, lederner Geldbeutel mit 14 Mark, vier Äpfel

Ausstattung 5:
Spracheübersetzer, Feldflasche, Taschenlampe, lederner Geldbeutel mit 12 Mark, fünf Äpfel

Ausstattung 6:
Spracheübersetzer, Feldflasche, Teleskopdolch, lederner Geldbeutel mit 14 Mark, drei Äpfel, ein Beutel Feuerbohnen

Trage du schon einmal die Gegenstände in das Logbuch ein! Ich werde sie währenddessen im Rucksack verstauen. Du weißt ja, die Logbuchseiten zum Herausreißen findest du im Anhang des Buches.

So, jetzt noch schnell den Rucksack hinter dem Sitz verstauen und die Luke schließen. Hoppla, das ist ja ganz schön dunkel hier drinnen. Na, wenigstens ist das Display der Steuerkonsole beleuchtet. Bevor ich starte, will ich mir aber noch einen kleinen Überblick über die vielen Schalter verschaffen. Hier auf diesem Hebel steht *Tür.* Mal sehen, was passiert? Das kleine rote Lämpchen über der Einstiegsluke leuchtet jetzt grün. Die Luke zischt, als würde die Zeitmaschine luftdicht verschlossen. Mit der kleinen Taschenlampe, die neben der Konsole in einem Ablagefach liegt, leuchte ich die Wand ab. Ich schnappe mir gezielt eine der vielen Notizen, die mein Großvater mit Stecknadeln in das weiche Holz der Wand gepinnt hat. Sieh mal, das hier ist unsere Fahrkarte ins Mittelalter!

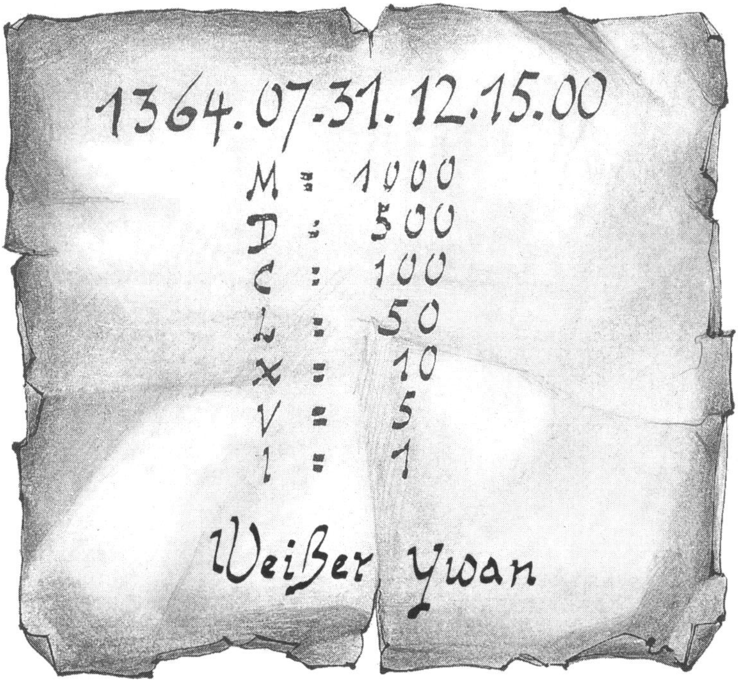

Wir sollten uns die Informationen auf dem Notizzettel gut einprägen. Wusstest du, dass die Währungen des Mittelalters Mark, Albus und Schillinge waren? Eine Mark waren sechs Albus oder 20 Schillinge. Außerdem habe ich herausgefunden, dass diese lange Zahlenreihe »1364.07.31.12.15.00« Zielkoordinaten sind und in das Display der Digitalanzeige eingegeben werden müssen. Das werde ich auch gleich mal machen.

Jetzt leuchten die Zieldaten auf der oberen Digitalanzeige wie beim Radiowecker auf dem Nachttisch meiner Eltern. Ich sollte die Eingabe bestätigen. Fertig! In der zweiten Zeile leuchten das heutige Datum und die aktuelle Uhrzeit auf. Die benötige ich wohl für meine Rückkehr, damit ich wieder genau zu dem Zeitpunkt zurückkehre, an dem ich losgereist bin. Also, ich bin startklar. Wenn du auch bereit bist, drücke jetzt den roten Startknopf! Festhalten!

Der Fluch des Schwarzen Ritters

1 – I

Es dauert nur wenige Sekunden, die Maschine rappelt wie ein altersschwacher Aufzug, dann blinkt neben dem Zeitdisplay ein kleines rotes Lämpchen auf. Es scheint, als hätte ich mein Ziel erreicht, denn das Gerappel hört auf und es tritt Stille ein. Hoffentlich bin ich jetzt auch im Mittelalter und nicht in der Eiszeit gelandet, nur weil vielleicht ein Kabel im Display durchgeschmort ist. Also, schleunigst raus hier und nachsehen. Halt, zuerst muss ich eine Aufzeichnung in das elektronische Bordbuch sprechen: »Ich, Zeitreisender Tom Traveller, besser bekannt als Tom, der Zeitreisende, befinde mich wahrscheinlich im Mittelalter, genauer gesagt im Jahre 1364. Heute müsste laut Anzeige auf dem Zeitdisplay der 31. Juli, 12.15 Mittagszeit sein. Ende!«
Jetzt nichts wie raus, irgendwie wird es ziemlich heiß hier drinnen. Ein bisschen mulmig ist mir, wer weiß, was mich da draußen erwartet. Vorsichtig öffne ich die Zeitmaschine. Und stehe plötzlich in einem Meer von Kaugummiblumen. Na ja, ich weiß zwar nicht, wie das Kraut heißt, das hier wächst, es riecht aber lecker nach meinem Lieblingskaugummi. Das ist garantiert nicht mehr Opas Erfinderkammer. Fängt schon mal gut an. Und da sind eine Menge Bäume. Hey, das ist ein Wald! Schnell schnappe ich mir den Rucksack, steige aus und verschließe die Eingangsluke. Opa hat wirklich an alles gedacht, sogar an ein Vorhängeschloss. Den Schlüssel verstaue ich in einer der beiden kleinen Taschen an der Außenseite des Rucksacks und den Spracheübersetzer klemme ich an mein linkes Ohr. Damit er nicht herunterfallen kann, ziehe ich mein Cap etwas fester. Gerade will ich meinen ersten Schritt machen, da donnert eine tiefe Stimme: »Du kommst spät.« Mir bleibt

fast das Herz stehen und meine Knie werden weich. Langsam drehe ich mich um: Hinter mir steht ein alter Mann, der sich auf einen langen, dicken Ast stützt. Seine schwarze Mönchskutte hat er mit einem ledernen Gürtel verschnürt, an dem ein lederner Beutel und ein Essmesser hängen. An den Füßen trägt er handgenähte Schuhe. Seine Gestalt erinnert an einen Magier, wie ich ihn in einem der Computerspiele bei meinem Freund Winni gesehen habe. Als er näher kommt, schiebt er die Kapuze von seinem Kopf. Erst jetzt ist sein runzliges Gesicht zu erkennen. Er muss mindestens tausend Jahre alt sein. Während ich mich wie gelähmt nicht von der Stelle rühre, kommt er ganz nah an mich heran und sieht mir in die Augen, als versuchte er etwas durch ein verschwommenes Stück Glas zu erkennen. Dann nickt er wortlos, als hätte er etwas erkannt, streicht sich über seinen grau behaarten Kopf, wendet sich von mir ab und setzt sich auf einen etwas abseits liegenden kniehohen Felsbrocken.

Ich stehe immer noch wie angewurzelt da. Was will der von mir? Sollte ich lieber abhauen? Irgendwie sieht der Fremde sonderbar aus, aber nicht wirklich gefährlich.

In diesem Augenblick bricht der Alte sein Schweigen und sagt nachdenklich: »Theodor kann mit seiner Zeitmaschine durch die Zeit reisen, aber er kann sich damit nicht verjüngen, also musst du sein Enkel sein, von dem er erzählt hat.«

»Äh, es kommt ganz darauf an.«

»Er hat mir versprochen mit einigen seiner Erfindungen zurückzukehren und zu helfen. Und . . . offensichtlich hat er sein Wort gehalten. Obwohl ich ziemlich lange warten musste. Was ist los mit ihm? Warum hat er dich geschickt?«

Hey, etwas stimmt hier nicht. Während ich versuche aufgeregt den Schlüssel wieder aus dem Rucksack zu angeln, sage ich: »Sie irren sich. Mein Opa hat mich nicht geschickt. Ich bin rein zufällig hier!«

Der Greis richtet sich auf und tritt einen Schritt näher. Er fasst meine Hand, mit der ich panisch am Rucksack herumfummle, und sagt: »Wenn du jetzt wieder umkehrst, ist unser Schicksal besiegelt.«
»Welches Schicksal? Glauben Sie mir, ich weiß wirklich nichts.«
»Ich kann verstehen, dass du Angst hast, aber die Zeit wird knapp. Nur noch du aus der Zukunft bist fähig unsere Mission zu erfüllen. Unsere Magie ist gegen die böse Macht des Schwarzen Ritters wirkungslos, solange wir nicht alle vier Pergamentteile mit dem Zauberspruch besitzen. Nur mit diesem Spruch können wir

seinen Fluch aufheben. Aber wenn ein Magier, der nicht Verbündeter des Schwarzen Ritters ist, ein einzelnes Pergamentstückchen berührt, löst es sich in Luft auf und macht den ganzen Zauberspruch unwirksam. Nur du kannst uns helfen. Du musst herausfinden, in welcher Reihenfolge die Teile des Zauberspruches aneinander gefügt werden müssen. Denn wir haben nur einen Versuch, sie miteinander zu verbinden. Jeder weitere Versuch macht den Gegenzauber unwirksam. Mach dich also schnell auf den Weg, bevor die Anhänger des Schwarzen Ritters dir zuvorkommen und sich der Pergamentteile bemächtigen! Doch sei vorsichtig, jeder der dir begegnet, könnte ein Verbündeter des Schwarzen Ritters sein.«

Oh, ist mir schlecht. Ich muss ihn unbedingt davon überzeugen, dass ich von alledem nichts weiß und ich auf keinen Fall hier bleiben will. »Sie verstehen das falsch. Mein Opa lebt nicht mehr und ich schwöre Ihnen, ich bin wirklich rein zufällig hier. Das ist ein Missverständnis, ehrlich. Vergessen Sie es! Sie müssen sich selbst um Ihre Zaubersprüche kümmern.«

»Du kannst jetzt nicht mehr zurück. Jedenfalls nicht bevor du die Pergamentstückchen gefunden und mir den Zauberspruch gebracht hast.«

Der Magier greift hinter den Felsbrocken, auf dem er eben noch saß, und reicht mir ein weißes Leinenhemd. Es wundert mich, dass das Kleidungsstück meine Größe hat. Bis eben wusste der Greis doch nicht, dass ich hier eintreffen würde. Er hängt mir ein Lederbändchen mit einem gewöhnlichen Stein um den Hals und sagt: »Nimm das Hemd, es macht dich zu einem Bauernjungen! Und diesen Stein hier, den wirst du brauchen.«

> Der Magier hängt Tom einen magischen Stein um den Hals. Der Stein verleiht ihm dreifache Zauberkraft. Wenn Tom den Zauberspruch Steinwandler spricht, verwandelt sich sein Gegner zu Stein.

»Magischer Stein, Steinwandler, +3«

»Was ist das?«
»Dieser Stein hat magische Kräfte. Wenn du den Stein fest in einer Hand hältst und den Zauberspruch des Steinwandlers sprichst, verwandeln sich deine Gegner, sind sie noch so stark, zu Stein. Jeder der sich beim Sprechen des Steinwandler-Zauberspruchs mit bösen Absichten gegen dich wendet, wird verwandelt. Bedenke, dass du den Zauberspruch nur dreimal anwenden kannst! Du bist von nun an auf dich allein gestellt. Wenn du die Pergamentteile zusammengesammelt hast, bringe sie mir. Ich werde solange auf dich warten und auf deine Zeitmaschine Acht geben. Nun geh, die Zeit drängt! Und sprich mit niemandem über deinen Auftrag. Jeder kann Anhänger des Schwarzen Ritters sein.«
Während ich wie im Traum das Hemd überziehe und das alles noch gar nicht richtig fassen kann, tippt er sich mit einem Finger an die Schläfe und fügt hinzu: »Ach, wo bin ich nur mit meinen Gedanken. Ich habe mich noch gar nicht vorgestellt. Mein Name ist D'Elmas, ich bin Magier. Wenn du den Auftrag erfüllt hast, komm zu mir auf die Burg!«
Er fasst mich an den Schultern, dreht mich und schiebt mich von sich weg, um mir anzudeuten, dass ich mich auf die Socken machen sollte. Immer noch völlig verwirrt, mache ich ein paar Schritte in die vorgegebene Richtung. Als ich mich noch einmal umdrehe, ist er bereits verschwunden. Und meine Zeitmaschine auch.
»Hey, was soll das? Kommen Sie zurück! Sie können nicht einfach abhauen. Geben Sie mir meine Zeitmaschine wieder!« Nein, er kann sich doch nicht so aus dem Staub machen. Jetzt fange ich wirklich an zu heulen. Wie soll ich denn wieder nach Hause kommen? Ich Idiot. Das habe ich jetzt davon. Hätte ich doch bloß nie diese Zeitmaschine ge-

funden. Während ich mich verzweifelt auf den Stein setzte, auf dem eben noch der Greis gehockt hat, wird mir langsam bewusst, dass ich wohl keine andere Wahl habe, als diesem Typen zu helfen. Denn je eher ich die Papierschnipsel gefunden habe, desto eher kann ich wieder von hier verschwinden. Auf der Burg wird er auf mich warten, hat er versprochen. Hoffentlich finde ich die. D'Elmas ist sein Name. Den muss ich mir gut merken. Und jetzt los! Ich mag gar nicht daran denken, was mir hier alles blühen kann. Raubritter, die Pest, Wegelagerer. Mir wird ganz anders! Immerhin kann ich mich schon mal gegen Überfälle wehren. Mit dem magischen Stein, wenn er überhaupt funktioniert und nicht das Hirngespinst dieses Irren ist.

| Tom begibt sich auf den Weg: 13

2 – II

Ich will doch lieber allein nach dem Magier suchen. Es ist besser, wenn ich ohne Begleitung gehe.

»Danke, das ist sehr freundlich von Ihnen, aber ich möchte mich erst noch im Hof umsehen. Ich bin nämlich von weit her gereist. Später werde ich dann zum Magier gehen.«

»Nun gut, wie du möchtest. Du findest D'Elmas in der Burg. Solltest du Hilfe brauchen, ich verbringe den Nachmittag hier im Burghof. Komm dann einfach her zu mir!«

»Danke, auf Wiedersehen.«

»Auf Wiedersehen, mein Junge!«

Puh, das war knapp. Ich wende mich vom Mönch ab und gehe weiter.

➡ Tom wartet, bis der Mönch wieder beschäftigt ist, und schleicht sich dann zum Hauptturm: 223

➡ Tom verlässt die Burg: 249

3 – III

Hey, hier teilt sich der Pfad schon wieder in drei verschiedene Richtungen.

➡ Tom geht nach links: 207

➡ Tom geht geradeaus: 45

➡ Tom geht nach rechts: 26

4 – IV

Der unheimliche Mönch würgt mich und versucht mich mit sich zu ziehen. Panisch fummele ich in meinem Rucksack herum, angsterfüllt, dass er mich daran hindern und ihn mir wegnehmen könnte. Doch er ist ganz drauf fixiert, mich hier so schnell wie möglich wegzubringen. Endlich fühle ich meinen Dolch. Ich ziehe ihn schnell heraus und löse den Teleskopmechanismus aus. Kling! Die Klinge springt hervor. Dem Mönch wird zu spät bewusst, was jetzt geschehen ist. Vorsichtig weicht er zur Seite. Ich triumphiere innerlich. In diesem Moment greift er hinter einen Mauervorsprung und schnappt sich ein Schwert, das ich im Schatten des Kerzenlichts überhaupt nicht gesehen habe. Jetzt muss ich schnell sein. Bevor er in Position geht, greife ich bereits an.

| »Mönch, Stärke 1«

➡ Tom hat den Zweikampf gewonnen: 76

➡ Tom hat den Zweikampf verloren: 23

5 – V

Die Tür des Metzgers ist verschlossen. Ich klopfe einige Male gegen das schwere Holz. Doch auch jetzt öffnet niemand.

| Tom geht zum Wegweiser zurück: 167

6 – VI

Ob man von solch einem Labyrinth krank im Kopf werden kann? Hier komme ich schon wieder nicht weiter.

| Tom geht zurück: 59

7 – VII

Ich wache auf. Mein Kopf brummt und trotz der Hitze friere ich. Wo bin ich? Jetzt fällt es mir wieder ein . . . gefangen in einem Käfig.

| Tom hat eine Weile geschlafen. Da er mit einem Schlafmittel betäubt wurde, erhält er nicht seine ganze Stärke zurück:

| » +20«

| »–15«

Ob ich hier jemals wieder herauskomme? Es muss doch möglich sein zu fliehen. Nur wie? Während ich mir mein Gefängnis genauer betrachte, um nach Schwachstellen zu suchen, sehe ich, dass sie die dicken Äste mit mehrfach geflochtenen Seilen zusammengebunden haben. Mit einem scharfen Messer könnte ich sie zerschneiden. Auch die Käfigtür ist mit solch einem Seil verschnürt.
Auffällig ist die plötzliche Stille hier im Lager. Es scheint niemand da zu sein. Auch drüben am Lagerfeuer steht niemand mehr. Was hat das nur zu bedeuten? Egal, dies wäre eine geeignete Gelegenheit abzuhauen. Mühsam klammere ich mich an die Äste und ziehe mich hoch, um das Lager in der Hocke besser überblicken zu können.
Bevor ich jedoch eine Erklärung dafür finde, weshalb sie mich hier allein und unbewacht im Käfig zurückgelassen haben, zucke ich zusammen. Da liegt etwas vor meinem Käfig. Es ist ein Tier, dass ich nie zuvor gesehen habe. Es scheint tief zu schlafen. Sein dunkelbraunes wollenes Fell sieht aus wie eine Kreuzung aus Wolf, Schaf und . . . Fledermaus. Ich kann es kaum glauben, das Vieh hat tatsächlich Flügel. Ich werde panisch. Wenn ich nicht bald fliehe, kann dies hier mein Ende bedeuten. Was soll ich nur machen?

➡ Tom besitzt ein kleines Messer. Er hat es am Gürtel befestigt und unter seinem Leinenhemd versteckt: 178

➡ Tom besitzt kein kleines Messer: 154

8 – VIII

Na, danke schön. Das fängt ja gut an, wo bin ich hier nur gelandet? Hier endet plötzlich der Pfad.

| Tom geht zurück: 22

9 – IX

Besser nicht. Sagte ich bereits, dass ich bei Glücksspielen noch nie gewonnen habe? Was soll ich mein kostbares Geld weiter verschwenden. Der Glücksspieler streckt mir immer noch einen Würfel entgegen. Doch ich winke ab: »Nein, danke. Außerdem habe ich nicht mehr viel Geld und brauche es. Vielleicht ein anderes Mal.«

»Ja, vielleicht ein anderes Mal. Ich hoffe, wir sehen uns wieder?«

Obwohl ich es nicht hoffe, nicke ich und sage: »Ja, ich hoffe es auch.«

Es ist wohl besser, wenn ich jetzt verdufte. Sonst schafft er es wirklich, mir noch mehr Geld aus der Tasche zu ziehen.

| Tom geht zum Wegweiser: 167

10 – X

Die Tür ist verschlossen. Ich klopfe an, doch niemand öffnet mir.

| Tom versucht in ein anderes Zimmer zu gelangen: 159

11 – XI

Dort hinten auf dem Hügel thront sie, die Burg Kyldavèl. Ihre gekalkten Mauern leuchten in der Sonne. Ich habe nicht gewusst, dass die Burgmauern im Mittelalter weiß waren. Burgruinen, die ich kenne, sind meistens grau und von Moos überwuchert. Vielleicht habe ich Glück und finde D'Elmas auf der Burg. Ohne ihn weiß ich nicht weiter.

Jetzt erst bemerke ich die vielen schwer arbeitenden Bauern links und rechts auf den Feldern. Napoleon, unser Geschichtslehrer – eigentlich heißt er Leon Pinzner –, hatte uns erzählt, dass früher

alle arbeitsfähigen Bauern ihren Landesherrn bei der Ernte helfen mussten, und das war kein gemütlicher Job. Mähdrescher und Traktoren waren noch Zukunftsmusik. Per Hand wird hier das Getreide gemäht und gebündelt. Auf manchen Feldern werden die getrockneten Bündel schon auf Ochsenkarren verladen, die die Ernte transportieren. Wenn ich mir die Plackerei so anschaue, möchte ich höchstens mit dem Aufseher tauschen, der daneben steht und Befehle erteilt.

Hoppla, da fällt mir doch gerade ein, dass ich eigentlich auch arbeitsfähig wäre. Ich sollte mein linkes Bein ein wenig schleifen lassen, damit niemand auf die Idee kommt, mich um Hilfe bei der Ernte zu bitten. Schließlich habe ich etwas ziemlich Wichtiges zu erledigen. In diesem Moment höre ich einen Peitschenknall hinter mir und das Geklapper von Kutschgeschirr.

Ich drehe mich um. Ein Bauer auf einem Ochsenkarren grüßt freundlich und hält seinen Wagen an: »Guten Tag!«

Ich hebe eine Hand zum Gruß.

»Dein Fuß lahmt. Ist es nicht ein beschwerlicher Weg bis hinauf zur Burg?«

»Äh, wie?«

»Wen der Herr nicht mit Blindheit bestraft hat, sieht dein krankes Bein.«

Ach so, das meint er. »Ja, natürlich. Es tut sehr weh. Ich habe mich beim Fußball verletzt, kurz vor Ende der zweiten Halbzeit. Aber es ist nicht schlimm, weil der Trainer es gleich mit einem Eisbeutel . . . äh . . . ich wollte sagen, als wir bei der Feldarbeit Pause gemacht haben, spielten wir mit einer luftgefüllten Schweineblase Ball. Ich stolperte über einen großen Stein und habe mir dabei mein Bein verletzt. Ja genau, so war es.« Puh, gerade noch die Kurve gekriegt.

»Wenn es deine Qual erleichtert, steige nur zu mir auf den Karren. Ich nehme dich mit zum Medicus. Sieh, dort oben ist schon die

Burg! Der Müller hat die Flügel seiner Mühle waagerecht und senkrecht gestellt. Das bedeutet, wir Bauern können ihn mit unserem Getreide beliefern, damit wir bei ihm mahlen lassen. Du verstehst, dass ich einer der Ersten sein möchte, der sein Mehl gemahlen bekommt. Also überlege nicht zu lange!«

Ich zögere. Bequemer wäre es. Trotzdem ist Vorsicht angesagt. Die Männer des Schwarzen Ritters können überall sein.

➡ Tom nimmt das Angebot an und fährt auf dem Ochsenkarren mit: 236

➡ Tom geht zu Fuß weiter: 99

12 – XII

Hoppla, wo bin ich hier gelandet? Hier teilt sich der Pfad in drei Richtungen.

➡ Tom geht nach links: 75

➡ Tom geht geradeaus: 197

➡ Tom geht nach rechts: 61

13 – XIII

Autsch! Gleich raste ich aus. Die vielen Brennnesseln hier machen mich noch wahnsinnig. Hätte ich jetzt bloß meine langen Jeans an, dann wäre das ja kein Problem. Aber so, mit kurzen Hosen. Das nervt vielleicht! Sieh mal, wenn ich mich nicht irre, ist das da vorne ein Trampelpfad. Nur, in welche Richtung soll ich gehen?

➡ Tom geht nach links: 47

➡ Tom geht nach rechts: 22

14 – XIV

Ich bin heilfroh, dass es hier drinnen dunkel ist und sie den Ekel in meinem Gesicht nicht sehen kann. Die Ratte anfassen? Iiiihhh . . . Andererseits kann ich gut nachfühlen, dass sie von der jahrelangen Gefangenschaft wirklich die Nase voll hat. Es wäre nur fair, ihr zu helfen.

»Äh, würde es dir etwas ausmachen, in meinem Rucksack Platz zu nehmen? So habe ich beide Hände zum Klettern frei.«

»Im Gegenteil, mir ist alles bequem genug, solange ich nur die Gelegenheit habe, aus diesem Loch herauszukommen.«

Ich bin erleichtert. Den Rucksack halte ich nah am Boden, dass das Tier bequem hineinklettern kann. Für einen kurzen Augenblick berühre ich sein Fell. Es fühlte sich angenehm weich an, beinahe wie das einer Katze. Ich schließe den Rucksack und schnalle ihn mir auf den Rücken. Mit einer sprechenden Ratte im Gepäck klettere ich die Ranke hinauf. Warum auch nicht? Langsam wundert mich gar nichts mehr. Nach ungefähr fünf Minuten habe ich es endlich geschafft. Doch was ist das? Das Loch in der Wand ist mit einem Gitter verschlossen.

Aus meinem Rucksack dringt halb erstickt die Stimme der Ratte:

»Was ist los, weshalb geht es nicht weiter?«

»Weil uns ein Gitter den Weg versperrt.«

»Lass mal sehen!«

Mit einer Hand klammere ich mich an die Ranke und öffne mit der anderen Hand vorsichtig den Rucksack auf meinem Rücken. Das Tier klettert über meine Schulter in das Loch der Mauer, betrachtet erst das schmiedeeiserne Gitter und schlüpft dann bequem hindurch. »Vielen Dank, dass du mich gerettet hast!«

Ich glaube, ich spinne. Das war also ihr hinterlistiger Plan. Sie brauchte nur eine bequeme Möglichkeit, hier hochzukommen. Und ich Dummkopf kann jetzt alleine zu Grunde gehen. Ich bin so überrascht, dass mir die Worte fehlen. Bevor ich jedoch Gelegen-

heit habe, ihr zu zeigen, was ich von der ganzen Sache halte, sagt sie plötzlich: »Für dich besteht zwar keine Chance durch dieses Gitter zu kriechen, dennoch gibt es eine letzte Möglichkeit. Weil du der erste Gefangene bist, der mir geholfen hat, verrate ich dir ein großes Geheimnis. Es existiert dort unten eine geheime Tür. Der Mechanismus, durch den man sie öffnen kann, befindet sich in einem Versteck. Löse das Rätsel, das dort drüben an die Wand gemalt ist! Ziehe den Stein in der Mitte des markierten Feldes heraus! Dahinter befindet sich ein Zahlenschloss. Wenn du das Rätsel gelöst hast, gib den richtigen Zahlenkode ein und betätige den Hebelmechanismus. Erst dann öffnet sich die Tür in die Freiheit.«
»Und wie löse ich das Rätsel?«
»Sieh dir die Wand gut an! Dort findest du genügend Hinweise. Leb wohl!«, sprach das Tier und verschwand.
Ich weiß nicht, ob ich lachen oder weinen soll. Sicher, es gibt Hoffnung, aus diesem ätzenden Kerker zu entkommen, aber werde ich es schaffen, das Rätsel zu lösen? Genervt klettere ich die Ranke wieder hinunter. Meinen Rucksack nehme ich vom Rücken und hole die Taschenlampe heraus.

| Tom schaltet die Taschenlampe ein: 107

15 – XV

Nach wenigen Schritten kommt mir eine alte Frau entgegen. Sie treibt vergnügt quiekende und grunzende Hausschweine vor sich her. Die Tiere beschnuppern mich und knabbern zu meinem Unheil auch noch an den Schnürsenkeln meiner Turnschuhe herum. Nur was macht eine alte Frau hier mitten im Wald so allein mit ihren Schweinen? Ich grüße sie freundlich: »Guten Tag!« Sie nickt nur kurz und erwidert murmelnd meinen Gruß. Doch dann bleibt sie stehen, sieht mich an und fragt: »Du bist nicht von hier, oder?«

»Ja, woher wissen Sie das?«
»Ach, wer sich wie ich viel im Wald aufhält, der lernt eine Menge Menschen kennen, die den Wald durchqueren. Ich sehe es an ihrem Gang. Es gibt solche, die freiwillig hier sind, ebenso wie solche, die unfreiwillig hier sind. Und dir habe ich angesehen, dass du neu hier bist.«
»Das haben Sie erkannt?«
»Nun ja, in Zeiten wie diesen geht niemand freiwillig dem Unheil entgegen. Wie sollst du auch wissen, dass dieser Weg durch ein Moor führt, von dem man sagt, es sei verhext. Lass dich also gewarnt sein! Ich muss jetzt weiter, meine Schweine lechzen nach Eicheln. Leb wohl!«
Ich bin ganz benommen von der Vorstellung, dass ich um ein Haar in mein Verderben spaziert wäre. Wenn D'Elmas mir wenigstens gesagt hätte, in welcher Burg er auf mich wartet, dann wäre ich jetzt schlauer. Was soll ich denn jetzt machen?

➡ Tom geht trotzdem weiter: 67

➡ Tom geht zurück: 64

16 – XVI

Hoppla, wo bin ich hier denn gelandet. Der Pfad endet hier plötzlich.

| Tom geht zurück: 123

17 – XVII

Langsam bezweifle ich, dass es hier irgendwie weitergeht. Dieser Pfad endet hier.

| Tom geht zurück: 237

18 – XVIII

Nach wenigen Schritten lande ich wieder auf dem Waldweg. Ein hölzernes Schild vor mir weist zur Burg Norgast.

In welche Richtung soll ich jetzt gehen?

➡ Tom geht zum Wegweiser: 110

➡ Tom geht zur Burg Norgast: 170

19 – XIX

»So, wir sind da. Dort drüben im Hauptturm wirst du den Medicus finden.«

»Vielen Dank, dass Sie mich mitgenommen haben.«

»Gern geschehen. Leb wohl und werde bald wieder gesund! Du weißt, wir brauchen jede Hand bei der Heuernte.«

»Ja, ich werde es mir merken! Auf Wiedersehen!«

Mein schlechtes Gewissen plagt mich gerade. Doch das hält nicht lange an, denn schon bald komme ich aus dem Staunen gar nicht mehr heraus.

Ich kann gar nicht beschreiben, was es für ein Gefühl ist, in einer echten Burg zu stehen.

| Tom sieht sich im mittleren Burghof um: 176

20 – XX

Eines der Pergamentteile beginnt zu rauchen. Für den Bruchteil einer Sekunde meinte ich, ein Funken des Feuers wäre auf einem der Teile gelandet, als der Magier plötzlich ruft: »Nein!«

Und während noch sein verzweifelter Ruf nachhallt, lösen sich die Pergamentteile in Luft auf. Ich stehe wie versteinert da, unfähig mich zu bewegen. Es war die falsche Reihenfolge.

Tom hat die Pergamentteile in der falschen Reihenfolge angeordnet: 140

21 – XXI

Und wieder habe ich die falsche Richtung eingeschlagen. Hier endet plötzlich der Pfad.

Tom geht zurück: 116

22 – XXII

Nach wenigen Schritten teilt sich der Pfad in drei Richtungen. Scheint ein Geheimweg zu sein. Besser, ich notiere mir den Weg, damit ich mich nicht verlaufe.

➡ Tom geht nach links: 8

➡ Tom geht geradeaus: 171

➡ Tom geht nach rechts: 123

23 – XXIII

Der Mönch stößt mich brutal in einen dunklen Kerker hinein. Meine Angst schnürt mir die Kehle zu. Bei dem Gedanken, dass ich wahrscheinlich nie mehr hier rauskomme, schießen mir Tränen in die Augen. Schnell wische ich sie mit dem Ärmel meines Leinenhemdes ab. Nur gut, dass Winni mich nicht sehen kann. Ist sowieso egal. Ein Ekel erregender Gestank steigt in meine Nase. Außerdem ist es kalt, ich friere. Wenn ich doch nur Kontakt mit dem weißen Magier aufnehmen könnte.
Ich rufe so laut ich kann um Hilfe, aber niemand scheint mich zu

hören. Mit einem gellenden Aufschrei springe ich zur Seite. Da hat mich doch gerade etwas berührt! Da, schon wieder. Flüchtend huscht ein schwarzer Schatten in die Finsternis. Doch kaum einen Augenblick später wieselt es wieder um mich herum. Was ist das? Was soll ich machen?

➡ Tom hat eine Taschenlampe dabei und schaltet sie ein: 111

➡ Tom hat einen Teleskopdolch dabei und hält das huschende Etwas damit auf Abstand: 30

24 – XXIV

Gleich wieder zurück. Das hier ist die falsche Richtung.

Tom geht zurück: 152

25 – XXV

Hey, hier teilt sich der Pfad schon wieder in drei verschiedene Richtungen.

➡ Tom geht nach links: 59

➡ Tom geht geradeaus: 133

➡ Tom geht nach rechts: 33

26 – XXVI

Hey, hier teilt sich der Pfad schon wieder in drei verschiedene Richtungen.

➡ Tom geht nach links: 129

➡ Tom geht geradeaus: 212

➡ Tom geht nach rechts: 153

27 – XXVII

Ich bin doch nicht leichtsinnig und werde mein kostbares Geld sinnlos beim Glücksspiel verprassen. Ich zucke mit den Schultern, sehe den Glücksspieler mit einem bedauernden Gesichtsausdruck an und sage: »Es tut mir Leid, aber ich habe kein Geld mehr. Gerne würde ich Ihr verlockendes Angebot annehmen, aber es geht nicht.«
Das ist ganz schön gelogen.
»Schade«, bemerkt der Glücksspieler. »Vielleicht ein anderes Mal.«
»Ja, vielleicht! Auf Wiedersehen.«
»Ich hoffe es!«
Während ich mir einen Weg durch die umstehende Menschenmenge bahne, überlege ich, weshalb er hofft mich wieder zu sehen. Na ja, vielleicht sagt er das zu jedem. Schließlich verdient er daran und nicht zu knapp.

Tom geht zum Wegweiser: 167

28 – XXVIII

Ich möchte auf keinen Fall gesehen werden. Schließlich können sich hier in der Burg Anhänger des Schwarzen Ritters herumtreiben, die ebenfalls auf der Suche nach den Pergamentteilen sind. Gerade hier in der Burg ist doppelte Vorsicht angebracht. Zum Glück gehen zu beiden Seiten viele weitere Gänge ab. Ich biege wahllos an der nächsten Ecke links ab und verstecke mich hinter einem Vorsprung in der Wand. Vorsichtig riskiere ich einen Blick zurück, um zu beobachten, wie der Mann an mir vorbeigeht. Puh, noch mal gut gegangen. In diesem Moment klopft mir jemand auf die Schulter und mir rutscht das Herz fast in die Hosentasche. Langsam drehe ich mich um. Es ist ein Mönch, den ich nicht bemerkt habe. Wahrscheinlich hat er sich angeschlichen. Sein Blick

scheint mich durchbohren zu wollen. Mit knarzender Stimme sagt er: »Sieh an, sieh an, Besuch? Bist du angemeldet?«
»Ja«, lüge ich, »beim Medicus. Er will meinen kranken Fuß heilen.«
Ohne meinem Bein auch nur einen Hauch von Interesse zu schenken, fragt er: »Solltest du mit dem Aderlass nicht lieber bis zum Vollmond warten?«
»Aderlass? Was ist das?«
Er sieht mich an, in der Hoffnung, ich würde loslachen und damit zum Ausdruck bringen, dass ich nur einen Scherz gemacht habe. Da ich aber keinerlei Reaktion zeige, sagt er schließlich: »Du scheinst es wirklich nicht zu wissen! Aber ich warne dich, spotte nie mit einem Diener des Herrn.«
»Nein, erklären Sie es mir bitte!«
»Ach, euch Bauern fehlt jeglicher Sinn für die von Gott geschaffene Heilkunst. Dann weißt du natürlich auch nicht, dass ein Aderlass dich von deinem sündigen Blut befreit. Komm, lass mich dich begleiten!

So ohne Leuchter hier in den dunklen Gängen könntest du dein Bein noch mehr verletzen.« Kaum hat er ausgesprochen, zerrt er auch schon an meinem Arm und will mich hier wegschleppen.
Das darf nicht wahr sein. Ich will nicht, dass er mich begleitet.
»Äh, nein danke, das ist nicht nötig. Ich kenne den Weg und würde sogar im Schlaf dort hinfinden.«
In diesem Augenblick packen seine Hände noch kräftiger zu.
»Aua, lassen Sie mich los! Mein Arm tut mir weh. Ich rufe um Hilfe.«
»Lass dich nicht aufhalten! Du hast kaum eine Chance. Mich kennen sie hier alle und du bist fremd. Jetzt rate mal, wem sie eher glauben werden?«
Mit schmerzhaftem Ruck schiebt er mich durch die dunklen Gänge.
»Was wollen Sie von mir?«
»Spiel hier nicht den Unwissenden! Mittlerweile hat sich herumgesprochen, dass ein Junge aus einer anderen Zeit auf der Suche nach den Pergamentteilen ist und mit dem Zauberspruch den Bann des Schwarzen Ritters brechen will. Aber ich werde es verhindern. Ja, mir werden sie es zu verdanken haben, dass die Herrschaft des Schwarzen Ritters über all die verlorenen Seelen hinweg siegt und durch meine Tapferkeit die Zeiten des Hungers und des Elends für ewig beendet sind.«
Während er diesen Schwachsinn von sich gibt, den er wahrscheinlich sogar selbst glaubt, bekommt er ein seltsames Funkeln in den Augen. Offenbar hat er nicht mehr alle Tassen im Schrank. Und von einem Verrückten möchte ich schon gar nicht gefangen genommen werden. Ich muss mir schnell etwas einfallen lassen. Ich hab es! Ich markiere auch einen Schwachkopf.
»Ach so, das meinen Sie. Genau, den Kerl suche ich auch. Hören Sie . . .!« Ich deute ihm an etwas näher zu kommen. »Sie können mich ruhig loslassen. Wir sind sozusagen Partner. Ich bin dem Zeitreisenden schon ganz nah auf den Fersen. Wenn Sie mich sofort

gehen lassen, verliere ich kaum Zeit und serviere Ihnen den Verräter noch heute Nacht, meinetwegen auch bei Vollmond, auf einem silbernen Tablett. Wie finden Sie das?«
Ich fasse es nicht, der Dicke bleibt stehen, sieht mich an und lächelt. Der ist vielleicht doof. Dann lächle ich eben auch. Ich freue mich, dass er meine Geschichte geschluckt hat. Oder? Vielleicht doch nicht? Mist, jetzt lacht er laut und fies los. Sein Gelächter dröhnt nur so durch die Gänge. Was soll ich machen?

➡ Tom versucht sich aus der Gewalt des Mönchs zu befreien: 208

➡ Tom fühlt sich dem Mönch gegenüber ausgeliefert und geht freiwillig mit ihm mit: 23

29 – XXIX

Hoppla, wo bin ich hier gelandet. Hier teilt sich der Pfad in drei Richtungen.

➡ Tom geht nach links: 197

➡ Tom geht geradeaus: 181

➡ Tom geht nach rechts: 72

30 – XXX

Glücklicherweise habe ich meinen Dolch dabei. Ich nehme ihn aus dem Rucksack und löse den Teleskopmechanismus aus. Mit ein paar wilden Hieben steche ich wahllos in die Dunkelheit hinein. Plötzlich stößt das huschende Etwas einen schmerzerfüllten Schrei aus. Sekunden später ist alles still. Mir ist komisch zu Mute und die Stille ist mit einem Mal unerträglich.
Jetzt fühle ich auch die Erschöpfung in mir hochkriechen und meine Beine schmerzen mir. Es ist hier so feucht, dass ich mich nicht

traue mich zu setzen. Und irgendwo liegt ja jetzt auch noch die Leiche meines Zellengenossen. Aber dann ist mir auf einmal alles egal. Ich lege den Rucksack auf den feuchten Boden und setze mich drauf.

➡ Tom hat eine Taschenlampe dabei und schaltet sie ein, um sich den Kerker genauer anzusehen: 107

➡ Tom hat keine Taschenlampe dabei: 146

31 – XXXI

Ich greife den Geldbeutel aus meinem Rucksack. Das Klimpergeräusch der Markstücke ist Musik in ihren Ohren. Wie automatisch beugen sie sich mit den Köpfen vor, als würden sie in den Beutel hineinsehen können. Dann klimpere ich noch einmal absichtlich mit dem Geld und frage: »Wie wäre es mit einem Markstück für die Auskunft?«

Der Ältere von beiden druckst etwas herum, dann füge ich hinzu: »Für jeden!«

Jetzt geht ein Leuchten über ihre Gesichter. »Nun, mein Junge, gehe nur wieder zurück und biege links ab! Am Ende der Gasse wirst du eine Menschenmenge sehen. Dort befindet sich der Marktplatz. Auf dem Weg dorthin kommst du an einer Schänke mit Namen »Zum eisernen Ritter« vorbei. Frage dort nach ihm. Dort müsste der Weiße Ywan jedem bekannt sein!«

Der kleinere Blinde zupft am Arm seines Leidensgenossen und flüstert hörbar: »Das müsste reichen. Erzähl ihm nicht zu viel! Er wird es schon finden.«

»Ja, du hast Recht.«

Wie auf Kommando strecken beide ihre knöchrigen Hände hervor und sagen: »Wenn wir bitten dürfen?«

»Ach ja, das Geld. Hier.«

| Tom gibt jedem blinden Bettler eine Mark.

| »Lederner Geldbeutel, –2«

Einen Moment lang reiben die beiden ihre Geldstücke zwischen den Fingern, um sich von der Echtheit der Münzen zu überzeugen. Dann lächeln sie breit. »Vielen Dank, junger Mann. Weiterhin viel Glück!«
Ich bedanke mich und mache mich schleunigst auf den Weg. Wie beschrieben gehe ich in entgegengesetzter Richtung weiter und biege am Ende in die nächste Gasse links ein. Nach wenigen Schritten erkenne ich weiter hinten am Ende der Gasse viele Menschen. Wahrscheinlich ist dort der Marktplatz. In diesem Augenblick sehe ich schon an einem der Häuser ein großes metallenes Schild mit der Aufschrift »Zum eisernen Ritter«.

➡ Tom geht in die Schänke hinein, um nach dem Weißen Ywan zu fragen: 85

➡ Tom war noch nicht auf dem Marktplatz und sieht sich dort um: 206

➡ Tom geht direkt zum Wegweiser, der auf dem Marktplatz steht: 167

32 – XXXII

Das darf doch nicht wahr sein. Schon wieder so eine blöde Sackgasse. Wenn das so weitergeht, werde ich noch ganz wirr im Kopf. Schnell wieder zurück.

| Tom geht zurück: 171

33 – XXXIII

Habe ich schon erwähnt, dass ich es nicht ausstehen kann, wenn so ein blöder Pfad es wagt, mitten im Wald aufzuhören? Nun gut, muss ich eben wieder zurück.

| Tom geht zurück: 25

34 – XXXIV

»Gut, du steigen auf.«

Sport war noch nie meine Stärke. Aber bei dieser Hitze ist das Aufsteigen auf den Pferdekarren mindestens genauso schwer wie das Schleppen der Einkaufstasche vom Supermarkt bis nach Hause. Geschafft! Endlich oben. Auch wenn ich sicherlich nicht gerade eine glückliche Figur gemacht habe bei diesem Kraftakt. Schnell hinsetzen, dann können sich meine müden Beine ausruhen. Ich schließe die Augen, um diesen Moment zu genießen. Aaah, das tut gut! Na los, ich habe bezahlt. Wieso fährt er nicht? Ich drehe mich zur Seite und sehe ihn fragend an. Meine Güte, er grinst ja schon wieder. Ah, ich verstehe, seine auf mich gerichtete Handfläche bedeutet: das Fahrgeld bitte. Schnell öffne ich den Rucksack, nehme aber nur eine Mark heraus.

»Ach so, das Geld, hier, Entschuldigung. Die zweite Hälfte gebe ich Ihnen, wenn wir am Ziel sind.«

Das habe ich übrigens im Kino gelernt. Hey, ich sollte noch viel öfter ins Kino gehen statt in die Schule. Warum grinst er denn jetzt nicht mehr. Er ist plötzlich so . . . so ernst.

Mit einem unerwarteten Ruck schnellt seine rechte Hand hervor, sodass ich erschrocken zurückweiche. Dann greift er meine mittlerweile schlappe Hand und schüttelt sie, als wolle er per Handschlag einen wichtigen Kaufvertrag besiegeln. Im selben Moment lacht er herzhaft los, als hätte jemand einen Lachsack ge-

drückt. »Du mir gefallen. Ich lieben Geschäfte machen mit Leuten, die sich nicht nehmen lassen Butter von Brot.« Dann ergreift er wieder die Zügel und ruft: »Hü, Pferdchen, wir weiten Weg vor uns!«

| Tom gibt dem Kutscher eine Mark.

| »Lederner Geldbeutel, –1«

➡ Tom besitzt 40 Stärkepunkte oder weniger. Er ist erschöpft und schläft ein: 108

➡ Tom besitzt mehr als 40 Stärkepunkte. Er ist fit genug und bleibt wach: 39

35 – XXXV

Hey, hier teilt sich der Pfad schon wieder in drei verschiedene Richtungen.

➡ Tom geht nach links: 135

➡ Tom geht geradeaus: 182

➡ Tom geht nach rechts: 25

36 – XXXVI

Nein, so schnell gebe ich nicht auf. Außerdem habe ich noch ausreichend Geld für weitere Spiele. Irgendwann muss es ja klappen. Auch ein blindes Huhn findet mal ein Korn.

| Tom setzt eine Mark und würfelt sechsmal.

»Lederner Geldbeutel,
–1«

➡ Tom hat mindestens einmal die Sechs gewürfelt. Er hat gewonnen: 185

➡ Tom hat keine Sechs gewürfelt. Er hat verloren: 40

37 – XXXVII

Eilig nehme ich den Rucksack, werfe mich in die Brust und sage: »D'Elmas, was denken Sie? Natürlich habe ich die Pergamentteile. Was ein Tom Traveller verspricht, das hält er auch.«

Der Magier lächelt: »Und wahrscheinlich behauptest du jetzt, es war alles ganz einfach.«

Er hat mich durchschaut.

Vielleicht sollte ich ihm gegenüber den Mund nicht so voll nehmen.

»Na ja, ein paar Mal hätte es mich fast erwischt . . .« D'Elmas zieht besorgt die Augenbrauen hoch. »Aber ich habe es geschafft. Ist das nicht cool?«, sage ich triumphierend.

D'Elmas lacht und antwortet: »Ja natürlich, das ist cool!«

»Kann ich jetzt wieder nach Hause?« Ich drehe mich nach allen Seiten um. Doch von meiner Zeitmaschine ist nichts zu sehen. »Äh, wo sie ist eigentlich? Na ja, meine Zeitmaschine. Sie haben sie mir doch weggenommen?«

Der Magier druckst ein wenig herum. »Nun . . .«

Mir wird heiß und kalt. All meine Hoffnung, nun endlich wieder zurück nach Hause reisen zu können, löst sich jäh in Luft auf. Verunsichert frage ich: »Was ist los? Wo ist sie?«

»Beruhige dich! Deine Zeitmaschine befindet sich in Sicherheit. Es gibt da nur ein kleines Problem.«
Mir wird schlecht. Hoffentlich hat er mit seinem Zauberfirlefanz nicht das Zeitreisenmodul zerstört.
»Wo ist das Problem? Raus mit der Sprache! Ich will es sofort wissen. Sie wollen mir doch nicht sagen, dass ich nicht wieder nach Hause kann, oder?«
In diesem Augenblick fängt D'Elmas herzhaft an zu lachen: »Nein, um Himmels willen, nein. Deine Zeitmaschine ist in Ordnung. Nur: Der schwierigste Teil deines Auftrags liegt noch vor dir! Denn nur du weißt, in welcher Reihenfolge die Pergamentteile aneinander gefügt werden müssen. Konzentriere dich aber genau, denn du hast nur einen Versuch! Leider darf ich die Pergamentteile nicht berühren, sonst zerfallen sie zu Papierstaub. Erst wenn der Fluch des Schwarzen Ritters endgültig gebrochen ist, ist deine Aufgabe erfüllt und du kannst zurück in deine Zeit reisen. Wir sollten uns also beeilen und schleunigst den Hofschmied aufsuchen.«
»Den Schmied? Wieso denn den Schmied?«
D'Elmas gibt keine Antwort, sondern bedeutet mir nur mitzukommen. Mir wird ganz übel bei dem Gedanken, dass diese Mission immer noch nicht erfüllt ist. Ich schnappe mir meinen Rucksack und begleite den Magier durch die von Kerzenlicht erhellten Gänge. Wenigstens fühle ich mich jetzt an der Seite von D'Elmas zum ersten Mal richtig sicher.
Wir gehen direkt zur Schmiede in der Mitte des Burghofes. Unterwegs erklärt mir D'Elmas, dass nun unter meiner Anleitung das magische Schwert zu schmieden sei, das den Fluch des Schwarzen Ritters aufheben könne. D'Elmas gibt dem Hofschmied bereits von weitem ein Zeichen. Als wir die Werkstatt betreten, schließt der Mann hinter uns die schwere Holztür ab. Mitten im Raum glüht ein Haufen Kohle. Es scheint, als hätte das

flüssige Eisen bereits lange auf diesen einen Augenblick gewartet, um endlich in die Form eines magischen Schwertes gegossen zu werden.
Hier drinnen ist es stickig und heiß. Aber der Gedanke daran, bald wieder nach Hause zu können, erleichtert es mir, die unangenehme Luft zu ertragen.
Wortlos bereitet der Hofschmied die Gussform vor. Der Magier bittet mich die Pergamentteile aus dem Rucksack zu holen und sie in die richtige Reihenfolge zu legen. Auf einem kleinen Tisch in der Ecke breite ich die Teile aus. Die Männer beobachten schweigend mein Tun.
»Überlege gut, was du tust«, flüstert D'Elmas mit belegter Stimme.
Ich fröstle. Die Spannung ist kaum auszuhalten. Jetzt liegt alles in meiner Hand . . .

Tom legt die Pergamentteile in die hoffentlich richtige Reihenfolge.

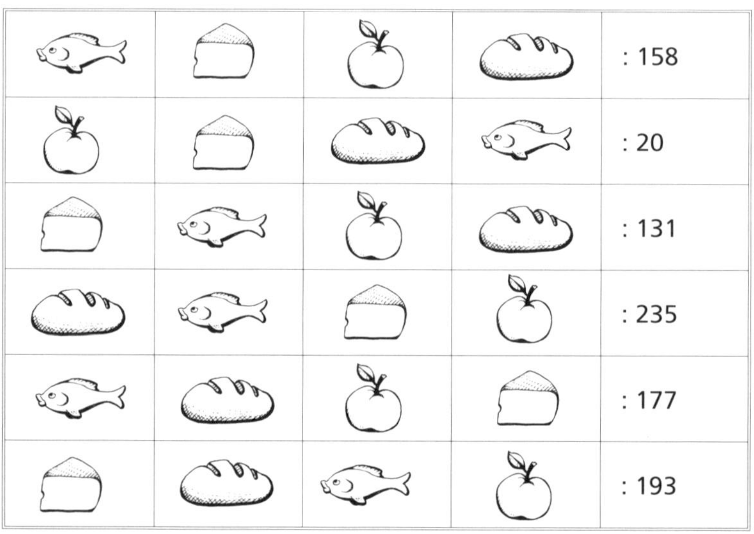

38 – XXXVIII

Ich gehe einige Schritte zurück, um unauffällig meinen Teleskopdolch aus dem Rucksack zu fummeln. Ah, ich hab ihn. Wenn ich nur wüsste, wie er funktioniert. Ich mag mir gar nicht ausmalen, wie dieser Zweikampf enden wird. Er mit seinem beeindruckenden Schwert und ich mit einem mickrigen Dolch. Den Rucksack werde ich lieber in der rechten Hand halten, um damit seine Schwerthiebe abzulenken. Wir stehen jetzt voreinander wie Boxer, die darauf warten, dem Gegner im geeigneten Moment mit ein paar gekonnten Treffern die ein oder andere Zahnreihe zu lüften. Wo bin ich hier bloß reingeraten? Kann nicht mal jemand die Pausetaste drücken? Hoppla, das ist ja gar kein Film, die Lausemähne wollte tatsächlich gerade zustechen. Jetzt wird mir wirklich mulmig. Huch! Was war das? Ist das irre! Mit einem Ruck ist mein winziger Dolch plötzlich wie ein Teleskop auf seine fünffache Größe gewachsen. Er ist jetzt so lang wie das Schwert meines Gegners. Zum Glück hat er sich genauso erschrocken wie ich. Ich nutze die Gelegenheit und greife an.

| »Dieb, Stärke 3«

➡ Leider hat der Dieb gewonnen. Er fesselt Tom, um ihn mit in sein Lager zu schleppen. Außerdem verliert Tom zehn Stärkepunkte: 229

| »–10«

➡ Tom hat den Dieb überwältigt. Aber er verliert zehn Stärkepunkte: 179

I »–10«

39 – XXXIX

Ich bin froh, dass ich diesen freundlichen Händler getroffen habe. Nur, ich mache mir Sorgen wegen meines Spracheübersetzers. Ob er einen Wackelkontakt hat? Als könnte der Händler meine Gedanken lesen, sieht er mich entgeistert an und fragt: »Du mir sagen, warum immer an Ohr rütteln?«
»Ich glaube, meine Batterie ist alle!«
Hoppla, schon zu spät.
»Was das sein, Batterie?«
»Batterien verwandeln chemische in elektrische Energie. Na ja, es erzeugt Strom.«
»Oh, Strom. Das ich kennen, reißender Fluss.«
»Nein, äh . . . damit kann man Licht machen!«
Ohne mich anzusehen, schüttelt er eifrig den Kopf und sagt: »Ja, Feuer, von brennende Holz. Machen hellen Schein! Ich kennen. Ich schon dutzende verkauft. Allerbeste Ware! Aber du nicht weiterzappeln an Ohr. Du nicht brauchen Licht. Helle strahlende Sonne am Himmel. Machen Licht und fröhlich in Herz!«
In diesem Moment wird mir klar, dass nicht mein Spracheübersetzer defekt ist, sondern seine Sprechweise. Der Vater von Angelo aus meiner Klasse spricht fast genauso.
Vorsichtig riskiere ich einen Blick auf meine wasserfeste Armbanduhr mit Timer. Es hat eine Viertelstunde gedauert, bis wir endlich das

Stadttor erreicht haben. Der Feldweg führt nicht direkt in das Stadtinnere. Wir müssen noch ein Stück fahren, bevor wir zur gepflasterten Hauptstraße gelangen, die direkt zum Marktplatz führt.

| Tom hat sich ausgeruht. Dafür erhält er 25 Stärkepunkte.

| »+25«

➡ Tom bittet den Händler ihn bis zum Marktplatz mitzunehmen: 194

➡ Tom steigt ab, um die Stadt von hier aus zu erkunden: 68

40 – XL

Der Glücksspieler muss wieder getrickst haben. Sonst hätte ich ja nicht verloren. Wie er das wohl gemacht hat? Ich würde ihm zu gern auf die Schliche kommen. Ob ich noch ein Spiel wage?

➡ Nein, Tom hat genug vom Glücksspiel und geht weiter: 9

➡ Ja, Tom hat noch Geld und wagt ein neues Spiel: 36

➡ Nein, Tom hat leider kein Geld mehr. Er versucht es später noch einmal: 27

41 – XLI

Der Dieb ist zu meinem Nachteil einige Sekunden schneller als ich. Warum bin ich bloß so verdammt langsam – ich werde nie wieder den Sportunterricht schwänzen. In diesem Augenblick ist der Kerl schon ganz nah an mir dran und schafft es, meinen Rucksack zu greifen. Als es ihm nicht gelingt, ihn mir zu entreißen, zieht er so fest mit einem Ruck daran, dass er mich zu Boden wirft. Dann hält

er mir sein Schwert vor die Nase und brüllt: »Lass sofort das Ding los oder du kriegst meine Klinge zu spüren!«
Überzeugt! Schnell gebe ich ihm, was er verlangt. Mit einem gekonnten Handgriff dreht er mich auf den Bauch, greift meine Hände und verschnürt sie blitzschnell mit einem dünnen Seil. Jetzt wird mir klar, dass unser kleiner Wettlauf hiermit beendet ist und ich seine Beute bin. Ohne Zweifel ist er ein Dieb und garantiert nicht der einzige in diesem Wald.

Dieser Wettlauf kostet Tom Kraft. Er verliert an Stärke.

»–10«

Der Dieb schleppt Tom mit in sein Lager: 229

42 – XLII

Wild zerre ich an meinem Rucksack und ziehe den Dolch heraus. Trotz meiner Aufregung schaffe ich es glücklicherweise sofort, den Teleskopmechanismus auszulösen. Die sabbernden Trolle weichen erschrocken zurück. Jetzt ist mir egal, ob ich ihnen Schaden zufüge oder nicht. Mit wildem Geschrei stürze ich mich auf die beiden vor mir. Als sie zurückweichen, drehe ich mich sofort um, damit die drei Trolle hinter mir gar nicht erst Gelegenheit haben, mich von hinten anzugreifen.

»Trolle, Stärke 5«

➡ Tom besiegt die angreifenden Trolle: 216
➡ Tom verliert gegen die angreifenden Trolle: 226

43 – XLIII

»Guten Tag, können Sie mir helfen?«

Ich bekomme keine Antwort. Nur die Zuckungen in ihren Augen verraten, dass ich ihren Dämmerzustand unterbrochen haben muss. Dann, nach einem kurzen Augenblick stehen sie wieder so regungslos da wie eben. Vielleicht sind sie nicht nur blind, sondern auch taub. Ich versuche es noch einmal: »Hallo, hören Sie mich?«

Der etwas Kleinere der beiden scheint mich jetzt wahrgenommen zu haben.

»Ja? Wer spricht da? Spricht jemand mit uns?«

»Ja, guten Tag. Mein Name ist Tom. Können Sie mir helfen?«

»Nein, das können wir nicht. Du siehst doch, du störst. Lass uns in Ruhe! Uns hilft ja auch keiner.«

Oje, schnell weiter, die beiden haben schlechte Laune. Gerade als ich verschwinden will, wird der etwas größere Blinde hellwach: »Sei ruhig, du alter Nichtsnutz! Schlaf weiter!«

Dann wendet er sich zu mir und säuselt: »Sicher können wir dir helfen, sag uns nur, wie.«

»Ich suche einen Mann. Er heißt Weißer Ywan. Kennen Sie ihn?«

»Nun ja, das kommt darauf an.«

»Worauf kommt es an?«

Der große Blinde druckst herum: »Sieh, es ist heiß! Meine Kehle könnte eine Erfrischung sehr gut vertragen.«

»Meine auch!«, mischt der kleine Blinde sich dazwischen.

»Ach sei ruhig!«

»Ah, ich verstehe, Sie haben Hunger und Durst. Na ja, ist ja auch kein Wunder bei dieser Hitze.«

➡ Tom hat noch mindestens zwei Mark: 31

➡ Tom lässt sich nicht erpressen und geht weiter: 106

44 – XLIV

Auch hier komme ich nicht weiter.

| Tom geht zurück: 184

45 – XLV

Halt, ich habe mich wieder verlaufen. Der Pfad endet hier.

| Tom geht zurück: 3

46 – XLVI

Nach einer Weile haben mich die widerlichen Kreaturen eingeholt. Zwei von ihnen überholen mich. Sosehr ich meine Beine zwinge noch schneller zu sein – es hilft nichts. Ich habe Seitenstechen, in meiner Lunge brennt es wie Feuer. Ich schwitze und habe meine letzten Kräftereserven verbraucht. Ich mag mir kaum ausmalen, was sie mit mir vorhaben, doch meine Kondition ist an eine Stelle gelangt, wo einem alles egal ist, Hauptsache, man kann sich für einen Moment erholen und den Körper zu neuen Kräften kommen lassen.
Die beiden Trolle, die nun ein Stück weiter vor mir zum Stehen gekommen sind, zwingen mich mit ihren Jagdwaffen anzuhalten. Ich bleibe abrupt stehen, hechle dabei wie ein gehetzter Hund und drücke eine Hand an meine Hüfte, die höllisch weh tut – Seitenstiche. Wie eine in die Enge getriebene Beute haben sie mich umzingelt. Ich will mich auf keinen Fall geschlagen geben.

| Tom verliert an Stärke.

| »–10«

➡ Tom hat einen Teleskopdolch dabei und kämpft: 42
➡ Tom hat keinen Teleskopdolch dabei und kann nicht kämpfen. Die Trolle haben gesiegt: 226

47 – XLVII

Der Trampelpfad führte mich direkt zu einem Waldweg, der sich an dieser Stelle in drei Richtungen teilt. Ein hölzerner Wegweiser weist in eine Stadt, zur Burg Kyldavèl und zur Burg Norgast. Im weichen Sand erkenne ich Pferdehufe und Radspuren. Sie stammen von Pferdekarren. Für einen Bruchteil von Sekunden wird mir klar, auf was ich mich hier eingelassen habe. Wäre ich bloß nicht so leichtsinnig gewesen und einfach losgereist. Aber, mit den Erfindungen meines Opas im Gepäck müsste ich in der Lage sein, zu helfen und hier hoffentlich wieder heil rauskommen. Opa wäre stolz auf mich. Also ziehe ich den Rucksack etwas fester und spaziere los. Ich verlasse mich ganz auf mein Gefühl . . .

48 – XLVIII

Hier endet der Wald. Für einen kleinen Augenblick nehme ich auf einem großen Stein Platz, ruhe mich aus und trinke einige große Schlucke Wasser aus meiner Feldflasche.

Tom ruht sich aus und erhält neue Stärke.

»+25«

Tom überlegt sich, ob und mit wie vielen Äpfeln er sich stärken soll. Er wählt zwischen einem, zwei oder drei Äpfeln:
Tom isst einen Apfel.

»Apfel, –1«

»+10«

Tom isst zwei Äpfel.

»Apfel, –2«

»+20«

Tom isst drei Äpfel.

»Apfel, –3«

»+30«

Ein langer gepflasterter Weg führt zwischen Weizenfeldern hindurch zur Burg Kyldavèl. Ganz schön weit und steil. Soll ich mir das zumuten oder wieder umkehren?

➡ Tom geht wieder in den Wald: 227

➡ Tom geht weiter zur Burg Kyldavél: 11

49 – XLIX

»Hier, nimm diesen Apfel! Du wirst zwar nicht satt davon, dafür ist er gesund.« Gierig beißt das Mädchen in den saftigen Apfel hinein.

| Tom gibt dem Mädchen einen Apfel.

| »Apfel, –1«

»Verrätst du mich auch nicht?«

»Nein, natürlich nicht und jetzt sieh zu, dass du läufst, sonst entdecken dich deine Verfolger noch.«

Bevor das Mädchen jedoch losläuft, greift es meine Hand und legt eine Eichel hinein.

Ich bin etwas irritiert, aber vielleicht ist es üblich, dass Kinder solche Art Geschenke machen. Winnis Schwester schenkt mir auch immer Sachen, aber nur schleimiges Zeugs wie Regenwürmer oder Nacktschnecken. Ekel erregend.

»Nimm dafür diese magische Eichel.«

»Du meinst, damit kann man zaubern?«

Plötzlich höre ich hinter mir eine aufgebrachte Stimme: »Los, vorwärts, Leute, sucht das Balg!«

Panisch läuft das Mädchen los und ruft mir zu: »Nein, wirf sie nur

auf den Boden, dann wirst du sehen!« Dann ist das Mädchen in der Dunkelheit der Gasse verschwunden.

Das Mädchen schenkt Tom eine magische Eichel. Wird die magische Eichel auf den Boden geworfen, wächst aus ihr eine zehn Meter hohe Ranke.

»Magische Eichel,
Eichelranke, +1«

Eine wild zeternde Meute von drei Männern und zwei Frauen läuft mit Stöcken in der Hand an mir vorbei. Das Mädchen tut mir Leid. Aber so flink, wie es ist, haben die schwerfälligen Bauern keine Chance sie einzuholen. Nach einigen Schritten erkenne ich am Ende der Gasse viele Menschen. Das muss der Marktplatz sein. Das bunte Treiben, das ich bereits von hier aus erkennen kann, sieht sehr interessant aus. Zu Hause liebe ich es, wenn meine Eltern mit mir den Jahrmarkt besuchen. Also gehe ich einen Schritt schneller.

➡ Tom war noch nicht auf dem Marktplatz und sieht sich dort um: 206

➡ Tom war bereits auf dem Marktplatz und geht direkt zum Wegweiser: 167

50 – L

Ein gut gelaunter Mann sitzt pfeifend auf seinem quietschenden und knarrenden Pferdekarren. Er ist mit langer wollener Hose, ledernen Arbeitsschuhen und einem weißen, nach oben hin geöffneten Leinenhemd bekleidet. Als Schutz vor der sengenden Sonne trägt er einen Strohhut. Er scheint Händler zu sein. Auf dem Karren hat er eine Menge geflochtener Weidenkörbe geladen. Sie müssen

ziemlich schwer sein, denn die beiden Pferde, die davor gespannt sind, kommen nur schwer vorwärts. Der Anblick macht mich wütend. Scheinbar ist es dem fröhlichen Typen egal, ob seine Tiere sich bei dieser Hitze abrackern oder nicht. Er selbst hat es bequem. Als mich der Mann an die Eiche gelehnt sitzen sieht, hält er und spricht mich an: »Na, junger Mann. Das Wetter sein zu heiß, um sitzen zu können in Sonne. Alle flüchten in Schatten, nicht wahr?«

Ich nicke kurz und sage dann: »Ja, das finde ich auch. Vor allen Dingen, wenn man so einen langen Weg zu Fuß zurücklegen muss, dann ist es doppelt so anstrengend.«

»Wie dein Name? Was sein dein Ziel? Ich sein Händler. Man mich kennen in ganze Land!«

»Ich heiße Tom und möchte in die Stadt. Können Sie mich mitnehmen?«, antworte ich und fummele heimlich an meinem Sprachcomputer herum. Das Ding hat doch nicht seinen Geist aufgegeben?

»Aber natürlich, ich dich mitnehmen, du sein Glückskind. Ich fahren zur Stadt. Heute sein großer Markt. Habe viel Platz in Karren und . . . in Herz.«

In diesem Augenblick bekommt er ein seltsames Funkeln in den Augen und fügt hinzu: »Händler haben auch große Platz in Geldbeutel.«

Dann mustert er mich: »Aber Fahrt in Karren sein nicht billig!«

Ich habe es gewusst. »Wie viel kostet es denn?«

»Hm . . . ich meinen zwei Mark sein guter Preis.«

Der Händler grinst so merkwürdig. Wahrscheinlich bildet er sich ein mich übers Ohr hauen zu können.

➡ Tom hat mehr als zwei Mark dabei und ist die Taxipreise der modernen Zeit gewohnt. Er nimmt das Angebot des Händlers an: 34

➡ Tom verzichtet und macht sich zu Fuß auf den Weg in Richtung Stadt: 240

51 – LI

Ich weiß zwar nicht genau, wo ich anfangen soll nach den Pergamentteilen zu suchen. Hier in der Stadt gibt es tausende von Möglichkeiten. Ich werde mich erst einmal umsehen. Anders als ich es erwartet habe, sind die Gassen hier eng und stickig. Sie wirken wie kleine Tunnel, denn je höher die Etagen der Fachwerkhäuser sind, desto breiter werden sie. Die Häuser stehen so dicht nebeneinander, als wären sie aus Platzmangel zusammengeschoben. Durch die schwül-warme Luft stinkt es hier so erbärmlich wie das hölzerne Klohäuschen in Tante Jeskas Garten. Wenn ich mir nicht schnell eine Hand vor die Nase halte, bekomme ich Hautausschlag. Oje, hier gibt es eine Menge Seitengassen. In welche Richtung soll ich denn jetzt gehen?

➡ Tom biegt in die linke Gasse ein: 55

➡ Tom geht geradeaus weiter: 62

➡ Tom biegt in die rechte Gasse ein: 101

52 – LII

Als steinerne Statue gefällt mir diese hässliche Kreatur ganz gut. Doch der Zustand hält nicht lange an. Das zu Stein erstarrte Tier beginnt zu bröckeln und fällt zu einem feinst gemahlenen Haufen Sand zusammen. Mir wird ganz anders. Nun ja, auch nicht schlecht. So wissen die Diebe jedenfalls nicht, was mit ihrem Wachhund passiert ist. Mit letzter Kraft schneide ich das letzte Seil durch und klettere aus dem Käfig. Beinahe wäre ich hingefallen – meine Beine waren zu lange eingeknickt. Wankend, mit meinem Messer in der Hand, stürze ich auf die Behausung der alten Frau zu. Die Hühner, die hier scharrend nach Futter suchen, springen gackernd auseinander. Langsam gehe ich in die dunkle Hütte hinein. Obwohl ich mir ziemlich sicher bin, dass sich niemand im La-

ger aufhält, bin ich trotzdem vorsichtig. Drinnen, in der Hütte, ist es angenehm kühl. Nur es stinkt erbärmlich. In einer Ecke entdecke ich meinen Rucksack und nehme ihn an mich. Ob ich mich hier etwas umsehen sollte? Wer weiß, vielleicht könnte ich das ein oder andere gut gebrauchen.

➡ Tom durchsucht die Hütte nach brauchbaren Dingen: 127

➡ Tom will keine Zeit verschwenden und läuft los: 98

53 – LIII

Während ich meinen ledernen Geldbeutel aus dem Rucksack angle, schießt mir plötzlich ein seltsamer Gedanke durch den Kopf. Was ist, wenn dieser Schmied ein Verbündeter des Schwarzen Ritters ist? Meine Hände beginnen zu zittern. Obwohl er ziemlich freundlich zu sein scheint, wundert es mich, dass er mir keine weiteren Fragen stellt. Schließlich kommt nicht jeden Tag ein Junge meines Alters mit Rucksack und Cap in seine Schmiede spaziert und verlangt ein Schwert, das zudem handlich genug ist, um es in einem Rucksack verstecken zu können. Schnell zahle ich die zehn Mark.

| Tom bezahlt das kleine Messer.

| »Kleines Messer, +1«

| »Lederner Geldbeutel, –10«

Der Schmied streicht noch einmal gedankenverloren über die Klinge, steckt das Messer in einen Lederschutz und reicht es mir. Ich befestige es umständlich an meinem Gürtel unter dem Leinenhemd und bedanke mich. In der Tür hebe ich die Hand und rufe einen Ab-

schiedsgruß. Der Schmied sieht mir nach. »Auf Wiedersehen, junger Mann. Alles Gute, möge dir dein Messer nützlich sein.«
Wie meint er das bloß? Nichts wie weg hier.
Ich schließe die schwere Holztür und stehe wieder in der Gasse.

| Tom geht zum Wegweiser zurück: 167

54 – LIV

Ich habe mich entschlossen Burg Norgast aufzusuchen und stapfte entlang des Waldwegs in die angegebene Richtung. Plötzlich zweigt ein kleiner Trampelpfad ab. Soll ich da hineingehen? Wer weiß, was mich im Dickicht der Bäume erwartet.

➡ Tom geht weiter zur Burg Norgast: 15

➡ Tom geht den Trampelpfad entlang: 119

➡ Tom geht zurück zum Wegweiser: 110

55 – LV

Diese Gasse hier ist ein wenig breiter als die anderen. Doch mehr Luft zum Atmen bietet sie trotzdem nicht. Oje, da drüben stehen zwei dunkle Gestalten. Sie haben sich an die Hausmauer gelehnt und starren regungslos vor sich hin. Wahrscheinlich sind sie blind. So unauffällig wie möglich schleiche ich mich an ihnen vorbei. Glück gehabt, sie nehmen keine Notiz von mir. In diesem Augenblick fällt mir wieder der Notizzettel meines Opas ein. Er hatte dort einen Namen aufgeschrieben. Vielleicht sollte ich die Gelegenheit nutzen und die beiden Blinden fragen, ob sie den Weißen Ywan kennen. Immerhin leben sie hier und so mancher Stadtstreicher hat bestimmt eine Menge nützlicher Informationen auf Lager. Außerdem muss ich weder befürchten, dass sie an meiner

auffälligen Kopfbedeckung Anstoß nehmen, noch dass ich versehentlich in die Arme irgendwelcher Anhänger des Schwarzen Ritters gerate.

➡ Tom nutzt die Gelegenheit, um nach Ywan zu fragen, und spricht die Blinden an: 43

➡ Tom hat Ywan bereits getroffen. Er spricht die Blinden nicht an und geht weiter: 106

56 – LVI

Ich verlasse mich ganz auf meinen Instinkt. Wenn meine Eltern und ich in Urlaub sind und fremde Orte besuchen, bin ich immer derjenige, der wieder zurück zum Parkplatz findet, auf dem wir unser Auto abgestellt haben. Man kann sagen, dass ich einen für Abenteurer perfekt geeigneten Orientierungssinn besitze. Nur leider nicht den nötigen Mut.

Was ist das? Wieder eine Stimme. Das kann doch nicht wahr sein! In diesem Wald ist ja mehr los als bei uns zu Hause auf dem Jahrmarkt. Soll ich weitergehen oder mich lieber verstecken?

➡ Tom geht weiter: 168

➡ Tom versteckt sich lieber im Dickicht der Bäume: 148

57 – LVII

Hey, hier teilt sich der Pfad schon wieder in drei verschiedene Richtungen.

➡ Tom geht nach links: 215

➡ Tom geht geradeaus: 60

➡ Tom geht nach rechts: 77

58 – LVIII

Ich zappele so wild ich kann. Es gelingt dem Ritter nicht, meine Arme mit dem Seil zu verknoten. Ein lauter Schmerzensschrei entfährt ihm, als ich ihm in seine dicke Hand beiße. Mist, das macht ihn nur noch aggressiver. Mir scheint, dass er jetzt viel kräftiger ist. Ich nehme meine ganze Kraft zusammen und trete ihm mit voller Wucht gegen sein Schienbein. Das hat bisher immer funktioniert. Der Dicke schreit schon wieder auf. Das gefällt mir, wenn ich ihn weiter so massakriere, wird er vielleicht freiwillig aufhören mich fesseln zu wollen. Da, nimm diesen. Sein Schienbein muss schon mit blauen Flecken übersät sein. Doch jeder Tritt scheint ihn nur noch wütender zu machen. Da habe ich eine Idee. Ich werde ihn kitzeln. Gesagt – getan. Ich habe noch nie erlebt, dass ein erwachsener Mensch um Erbarmen fleht, nur weil ihn ein zwölfjähriger Junge unter den Achseln in den Wahnsinn kitzelt. Ehrlich gesagt, diese Art der Verteidigung macht mir Spaß. Ich denke, er hat seine Abreibung ausreichend verdient. Ich lasse den mittlerweile erschöpften Mann auf dem Boden liegen und sage zu ihm: »Merken Sie sich eins. Legen Sie sich nie wieder mit Tom Traveller, dem Kitzelmonster, an! Ich bin gefährlich.«

Wimmernd jammert der überrumpelte Dickbauch: »Ich werde es mir merken, aber bitte, kitzele mich nicht mehr. Ich halte es nicht aus. Sieh zu, dass du weiterziehst. Ich wünschte, ich wäre dir nie begegnet!«

»Das übrigens wünsche ich mir auch.«

Dann laufe ich weiter den Trampelpfad in entgegengesetzter Richtung entlang. Denn offensichtlich war der dicke Ritter gerade auf dem Weg ins Lager der Diebe.

Tom läuft weiter: 47

59 – LIX

Hey, hier teilt sich der Pfad schon wieder in drei verschiedene Richtungen.

➡ Tom geht nach links: 57

➡ Tom geht geradeaus: 6

➡ Tom geht nach rechts: 161

60 – LX

He, langsam nervt das. Geht es hier denn überhaupt nicht weiter?

❙ Tom geht zurück: 57

61 – LXI

Hey, hier teilt sich der Pfad schon wieder in drei verschiedene Richtungen.

➡ Tom geht nach links: 29

➡ Tom geht geradeaus: 141

➡ Tom geht nach rechts: 234

62 – LXII

Bisher habe ich Glück, dass mich niemand gesehen hat. Ich sollte also weiterhin so vorsichtig sein. Plötzlich hallt ein lauter Ruf durch die Gasse: »Platz in der Gass, gebt Acht, es wird nass!«
Ich sehe nach oben und erkenne, wie jemand einen Eimer aus dem Fenster hält. Oh, mir schwant Übles. Das muss ich Winni erzählen, der glaubt mir das nie. Denn was ich da jetzt vor mir auf den Pflastersteinen zu sehen bekomme, ist nicht billiges Putzwas-

ser. Im Gegenteil, es ist eine Mischung aus Abwaschwasser mit Essensresten und einer gut sortierten Portion Klowasser mit allem Drum und Dran. Es stinkt schlimmer als der Hamsterkäfig von Winnis Schwester. Wäre ich nicht rechtzeitig zur Seite gesprungen, hätte ich diese leckere Suppe von meinem Cap schrubben können.

Es ist ratsam, einen Zahn zuzulegen, denn wenn das ihre Art Abwasserbeseitigung ist, war das sicher nicht die letzte Überraschung, die von oben gekommen ist. Nach einigen Schritten erkenne ich weiter hinten am Ende der Gasse viele Menschen. Wahrscheinlich ist dahinten der Marktplatz. Es wird Zeit, dass ich mich dort nach etwas Essbarem umsehe. In diesem Moment sehe ich vor mir eine Schänke. An der Hauswand hängt ein Schild mit der Aufschrift »Zum eisernen Ritter«.

➡ Tom geht in die Schänke hinein: 113

➡ Tom war noch nicht auf dem Marktplatz und sieht sich dort um: 206

➡ Tom geht direkt zum Wegweiser, der auf dem Marktplatz steht: 167

63 – LXIII

Hoppla, wo bin ich hier gelandet? Hier teilt sich der Pfad in drei Richtungen.

➡ Tom geht nach links: 187

➡ Tom geht geradeaus: 29

➡ Tom geht nach rechts: 74

64 – LXIV

Bevor die alte Frau in das Dickicht der Bäume eintaucht, sagt sie: »Ach, hier nimm diese Eicheln! Wenn der Burgherr mir erlaubt meine Schweine in seinen Wald zu treiben, damit sie sich mit ihren geliebten Eicheln satt fressen können, finde ich mal hier, mal dort diese ungenießbaren magischen Eicheln. Wirf sie auf den Boden, dann wachsen daraus Ranken, zehnmal so hoch wie ein ausgewachsener Bauersmann.«
In diesem Moment wirft sie eine Eichel auf den weichen Sand des Waldbodens. Ich traue meinen Augen nicht, denn plötzlich schießt eine Ranke in unvorstellbarer Geschwindigkeit hoch in den Himmel. Ihr Stamm ist so kräftig, dass ich problemlos daran hinaufklettern könnte. Sie sieht meinen erstaunten Gesichtsausdruck und sagt: »Ach, jetzt habe ich nur noch zwei davon. Ich überlasse sie dir. Vielleicht kannst du sie gebrauchen.«
Ich nehme die beiden Eicheln an mich, stecke sie in meinen Rucksack und bedanke mich: »Vielen Dank!«

> Der Bäuerin schenkt Tom zwei magische Eicheln. Wirft man eine magische Eichel auf den Boden, wächst eine riesige Eichelranke, an der man hinaufklettern kann.

> »Magische Eichel,
> Eichelranken, +2«

Die Frau wirft einen prüfenden Blick in das dichte Geäst des Waldes auf der rechten Seite des Weges und ruft ihren Schweinen zu: »Kommt, meine Lieben! Hier könntet ihr noch eine Menge Eicheln finden!«
Sie neigt ihren Kopf zu mir herüber und flüstert: »Du hast eine gute Entscheidung getroffen. Gehe niemals zur Burg Norgast! Dort hält sich der Schwarze Ritter mit seinen Anhängern auf, denen wir unser Schicksal zu verdanken haben. Doch man erzählt, dass ein

Mann jungen Alters auf dem Rücken der Zeit geflogen kommt, um den bösen Fluch zu bannen, und Kyldavèl in neuem Glanz erstrahlen lässt. Glaube einer alten Frau wie mir!«
Sie wendet sich kopfnickend von mir ab und verschwindet mit ihrem Rudel Schweine zwischen den Bäumen.
Starr vor Schreck stehe ich wie angewurzelt da und kann kaum glauben, was sie mir gerade gesagt hat. Einerseits fühle ich mich geschmeichelt und stolz ihr Retter zu sein, doch was passiert, wenn ich versagen sollte? Ich mag kaum darüber nachdenken.

| Tom geht weiter zurück: 109

65 – LXV

Hier geht's wieder nicht weiter.

| Tom geht zurück: 234

66 – LXVI

»Hoppla, ich habe nicht mehr genug Geld dabei. Es tut mir Leid, aber ich kann es ihnen nicht abkaufen. Das habe ich vorher nicht gewusst.« Der Schmied scheint mir nicht zu glauben. Ah, vielleicht denkt er, ich will ihn über das Ohr hauen. Ich zeige ihm meinen Geldbeutel. Ein kurzer Blick reicht ihm, um festzustellen, dass ich ihn nicht belogen habe.
»Dann gib mir eben, was du hast. Dieses Prachtstück sollte nicht hier in der Ecke vor sich hin rosten.«

| Tom bezahlt das kleine Messer.

»Kleines Messer, +1«

»Lederner Geldbeutel, 0«

Der Schmied steckt das Messer in einen Lederschutz und reicht es mir. Ich befestige es an meinem Gürtel unter dem Leinenhemd und bedanke mich. Coole Sache, so ein Messer. Jetzt fühle ich mich richtig stark. Ich sollte schleunigst weiterziehen. Also verabschiede ich mich.

»Auf Wiedersehen, junger Mann. Alles Gute, auf dass dir dein Messer nützlich sei.«

Ich schließe die schwere Holztür und stehe wieder in der Gasse.

| Tom geht zum Wegweiser zurück: 167

67 – LXVII

Ich habe mich entschlossen trotzdem weiterzugehen. Wer weiß, vielleicht ist die Bäuerin eine Getreue des Schwarzen Ritters und wollte mich nur daran hindern, diesen Weg fortzusetzen. Schließlich kann ich nicht erkennen, ob freundliche Leute es auch wirklich gut mit mir meinen. Vorsicht ist also angebracht.

Je weiter ich gehe, desto dunkler wird der Waldweg. Nach dem vielen Ungeziefer zu urteilen, müsste ich bereits ganz in der Nähe des Moors sein. Obwohl die Bäuerin mich vor diesem Weg gewarnt hat, finde ich viele Spuren im weichen Boden des Waldwegs. Pferdehufe, Wagenräder und Schritte. So gefährlich kann diese Strecke also gar nicht sein. Ob sie mich absichtlich daran hindern wollte, hier entlangzugehen? Bestimmt, denn in diesem Augenblick höre ich aus der Ferne Stimmen spielender Kinder.

➡ Tom geht doch wieder zurück: 109

➡ Tom geht weiter: 170

68 – LXVIII

Es hat mir gut getan, bei dieser Hitze nicht den langen staubigen Weg zu Fuß gehen zu müssen.

Tom hat sich ausgeruht.

»+25«

Tom bezahlt das restliche Fahrgeld von einer Mark.

»Lederner Geldbeutel, –1«

Während ich vom Karren steige, greift der Händler den Rucksack und reicht ihn mir herunter. Einen Moment lang sieht er mich an und sagt mit ernstem Gesicht: »Du auf dich aufpassen.«
»Ja, das mache ich. Und vielen Dank!«
»Leb wohl!«
Der Pferdekarren setzt sich knarrend und quietschend wieder in Bewegung, als sich der Händler noch einmal zu mir umdreht und ruft: »Ach ich vergessen. Du dich musst hüten vor Lachen fröhlicher Kinder!« Dann fährt er weiter. »Hü, meine Pferdchen, wir es haben eilig, müssen haben guten Platz auf Markt . . .«
Was meint er bloß? Ich hab doch keine Angst vor Kindern.

Tom erkundet die Stadt: 51

69 – LXIX

Auf dem Schreibpult neben dem Tisch des Alchimisten liegen zwei Bücher.

➡ Tom greift nach dem Buch »Handbuch magischer Kräuter«: 198

➡ Tom greift nach dem Buch »Der Troll – Das unbekannte Waldwesen«: 155

Das Kribbeln in meiner Nase wird unerträglich. Plötzlich muss ich stark niesen. Als ich meine Nase putze, sehe ich auf dem Arbeitstisch einen Zettel mit einer Notiz. Darauf steht geschrieben: Meine Elixiere sind es, die immerwährendes Leben schenken oder gar verjüngen. Gleichsam gefährlich wie auch heilend.
Merkwürdiger Spruch.

➡ Tom sieht sich weiter um: 217

➡ Tom geht wieder zurück in den Gang: 159

70 – LXX

Der Magier sieht mich erwartungsvoll an. Doch leider muss ich ihn enttäuschen. Ich habe noch nicht alle Pergamentteile gefunden.
»Tut mir Leid, aber wenn Sie wüssten, wie gefährlich der Auftrag ist. Gibt es denn keine Möglichkeit, dass mir diese schwere Aufgabe etwas erleichtert wird?«
D'Elmas sieht mich mit seinen vertrauensvollen blauen Augen an und schüttelt mitleidig den Kopf: »Ach, mein Junge, du glaubst gar nicht, wie gerne ich dir mit meiner ganzen übermenschlichen Zauberkraft helfen würde. Aber der Schwarze Ritter besitzt die ebenso dunkle Macht, sich unserer Magie zu entziehen. Nachdem er erfuhr, dass jemand aus einer anderen Zeit auf der Suche nach den Pergamentteilen ist, hat er all unsere restliche Zauberkraft

vernichtet. Glaubst du wirklich, ich wäre so ein Narr und würde aus Übermut das Schicksal eines ganzen Landes vom Geschick eines zwölfjährigen Jungen abhängig machen und dabei auch noch sein Leben aufs Spiel setzen? Nein, wahrlich nicht. Verstehe, Tom: Es ist unsere letzte Chance. Deshalb versuche ich dir klarzumachen, wie wichtig dieser Auftrag für unser Land ist und dass wirklich nur du, ich betone es noch einmal, wirklich nur du der Einzige bist, der uns dabei helfen kann, den Fluch des Schwarzen Ritters zu brechen.«

Mir stockt der Atem. Ich muss mehrere Male tief durchatmen.

»Ich verstehe. Dann werde ich mal . . . äh, wieder losgehen, um die fehlenden Pergamentteile zu beschaffen.«

Ich sehe, dass D'Elmas mit sich ringt. Doch dann fasst er mich entschlossen bei der Schulter. »Nun geh! Pass gut auf dich auf!«

Ich nicke nur kurz. Als ich gerade die Tür hinter mir schließen will, murmelt er: »Dein Großvater wäre stolz auf dich.«

Während mir dieser Satz noch im Ohr nachklingt, schließe ich die Tür.

| Tom geht wieder zurück in den Gang: 159

71 – LXXI

Mit zittrigen Händen greife ich nach dem magischen Stein und spreche den Steinwandler-Zauberspruch.

| »Magischer Stein,
| Steinwandler, –1«

Bevor die Kreaturen auch nur ahnen, was mit ihnen geschieht, erstarren sie in ihren Bewegungen. Aufwärts von ihren Pfoten bis hin zu ihren behaarten Köpfen nehmen sie das Aussehen von

Marmorstatuen an. Wenn es nicht so grausam wäre, könnte man sie glatt wie Gartenzwerge in einen Vorgarten stellen, denke ich. Aber genau in diesem Moment beginnen sie zu bröckeln und fallen wie Staub auseinander. Zurück bleiben fünf klägliche Haufen feinsten Marmorstaubs, von denen nach dem nächsten Regen nichts mehr im moorigen Schlamm des Weges zu sehen sein wird. Für einen kurzen Moment bin ich kaum in der Lage klar zu denken. Dann fällt mir jedoch die Warnung der alten Bäuerin ein. Ich hätte gleich auf sie hören sollen. Also kehre ich um und marschiere los.

| Tom kehrt um: 186

72 – LXXII

Nein, sag nichts. Ich kehre ja schon wieder um.

| Tom geht zurück: 29

73 – LXXIII

Diese Tür ist offen. Nach der Einrichtung zu urteilen, müsste es das Arbeitszimmer eines Alchimisten sein. Doch niemand ist da. Ich sehe mich ein wenig um. Mir läuft ein kalter Schauer über den Rücken. Drüben im Regal lagern kleine, in reinem Alkohol konservierte Nagetiere. Daneben stehen Gläser mit einzelnen Innereien. Igitt, wie das aussieht. Ekelhaft. Auf den oberen Regalreihen bewahrt der Alchimist die unterschiedlichsten Kräuter in beschrifteten Tontöpfen auf. Der weißlich gelbe Rauch, der von seinem Arbeitstisch herüberströmt, sticht mir in die Nase. Meine Augen tränen. Soll ich gehen?

➡ Tom sieht sich weiter um: 69

➡ Tom verlässt das Arbeitszimmer des Alchimisten: 159

74 – LXXIV

Ich bin nur froh, dass Winni nicht sehen kann, wie dusselig ich mich in diesem Labyrinth anstelle. Immer wieder lande ich in einer dieser Sackgassen.

| Tom geht zurück: 63

75 – LXXV

Hier geht's auch wieder nicht weiter.

| Tom geht zurück: 12

76 – LXXVI

Ich kann es kaum glauben, aber ich habe den dicken Mönch überwältigt. Irgendwann hat er nur noch gewinselt und um Gnade gebeten. Ich bin natürlich steinhart geblieben. In den Kerker, den er für mich vorgesehen hatte, habe ich jetzt ihn gesperrt. Ha, ha, das Mittelalter beginnt mir langsam Spaß zu machen. Ich bin ein richtiger Held! Ich kann es selbst kaum fassen. Den Kerkerschlüssel werde ich D'Elmas übergeben. Der wird sich wundern.

| Tom verliert durch den Kampf mit dem Mönch an Stärke.

| »–15«

Schnell laufe ich los. Irgendwohin – die Orientierung habe ich längst verloren. Schnell laufe ich los. Nach einer Weile bleibe ich stehen. Sind da nicht Schritte zu hören? Mir bricht der Schweiß aus. Ich habe mich verlaufen. Und es plagen mich unglaubliche Seitenstiche. Kurz entschlossen mache ich in einem der Gänge Halt und

verstecke mich hinter einem Mauervorsprung. Für ein paar Sekunden ruhe ich mich aus. Als ich mir sicher bin, dass mich niemand verfolgt, sehe ich mir den Gang genauer an. Wo kann ich nur D'Elmas finden? Ob ich mich einfach in den Zimmern umsehen soll?

Tom entschließt sich die Zimmer genauer zu untersuchen: 159

77 – LXXVII

Vor mir taucht eine große Lichtung auf. Um eine Kochstelle in der Mitte des Platzes herum stehen einige notdürftig aufgestellte Holzhütten, deren Wände mit einer Art Lehm stabilisiert wurden. Es erinnert mich an ein Dorf von Urwaldeinwohnern. Ich bin über-

rascht hier im Wald so etwas vorzufinden. Das Feuer auf dem Kochplatz raucht noch. Wahrscheinlich wurde gerade gegessen. Zwei Frauen tragen Wassereimer zu einem Trog, in dem sie wahrscheinlich das schmutzige Geschirr abwaschen wollen, denn eine weitere ältere Frau hat einen Lappen und einen Holzteller in der Hand. Auf der breiten, säuberlich von den Pflanzen des Waldbodens befreiten Fläche zwischen der Kochstelle und den Hütten spielen Kinder. Noch haben die Leute mich nicht gesehen. Es wirkt eigentlich alles recht freundlich. Vielleicht können sie mir helfen in die Stadt zu gelangen?

➡ Tom geht in das Lager: 144

➡ Tom kehrt wieder um: 145

78 – LXXVIII

Die Backstube des Bäckers ist geöffnet. Aber niemand ist hier, den ich nach einem Stück Brot fragen könnte. Ich warte einen Moment. Als sich immer noch niemand blicken lässt, sehe ich mich ein wenig um und wundere mich, dass die Leute hier so leichtsinnig sind und die Türen offen stehen lassen. Anscheinend sind hier im Mittelalter Diebstähle nicht an der Tagesordnung wie bei uns im 21. Jahrhundert. Mir läuft der Schweiß auf der Stirn hinunter. Oh Mann, ist das heiß hier. Das liegt sicher daran, dass der Backofen beheizt ist. Ein deutliches Anzeichen dafür, dass jeden Moment jemand wiederkommen muss, um die frischen Backwaren herauszuholen. Die Hitze ist kaum zu ertragen und ich beschließe mein Glück erst einmal woanders zu versuchen.

| Tom geht zum Wegweiser zurück: 167

79 – LXXIX

Ich bleibe so lange in meinem Versteck, bis der Pferdekarren vorbeigefahren ist. Ich bete, dass der Mann auf dem Karren mich nicht gesehen hat. Obwohl er ziemlich harmlos aussah, sollte ich dennoch vorsichtig sein. Man kann ja nie wissen . . .
Jetzt ist er weit genug entfernt, sodass ich es wagen kann, meinen Weg fortzusetzen. Puh, mein Herz klopft noch wie verrückt.

❙ Tom geht zu Fuß in die Stadt: 97

80 – LXXX

Hey, hier teilt sich der Pfad wieder in drei verschiedene Richtungen.

➡ Tom geht nach links: 95
➡ Tom geht geradeaus: 234
➡ Tom geht nach rechts: 187

81 – LXXXI

Solche Spaßvögel habe ich gerne. Ist mir doch egal, wer das war. Ich habe noch wichtigere Dinge zu erledigen. Außerdem brummt mein Kopf. Mir reicht es hier im Wald. Ich gehe einfach in irgendeine Richtung. Wenn ich Glück habe, lande ich wieder auf dem Trampelpfad.
Auch nach ein paar Metern kann ich das laute Gezeter der Witzbolde noch hören. Nein, ich gehe weiter. Hey, was ist das da vorn? Wenn ich mich nicht irre, sieht das wie ein Trampelpfad aus. Nur, in welche Richtung soll ich gehen?

➡ Tom geht nach rechts: 56
➡ Tom geht nach links: 119

82 – LXXXII

Was mache ich denn bloß? Ich habe gar kein Geld. Dafür habe ich ein Problem. Er wird mir nicht glauben, dass mein lederner Geldbeutel leer ist. Hey, ich habe eine Idee. Ohne meinen Blick von seinem Schwert zu lassen, greife ich vorsichtig in den Rucksack. Ich spüre den Teleskopdolch in meiner Hand. Ich warte auf einen günstigen Augenblick – jetzt! Ich schleudere ihm den Rucksack, ohne loszulassen, direkt vor das Gesicht. Für einen kurzen Moment ist er abgelenkt. Das ist meine Chance. Ich nehme meine ganze Kraft zusammen und trete dem Dieb mit voller Wucht gegen sein Schienbein. Ein zweiter kräftiger Tritt landet an seiner rechten Hand, in der er das Schwert hält.

➡ Tom besitzt 60 oder weniger Stärkepunkte. Seine Kraft im Fuß reicht nicht aus, um dem Dieb Schaden zuzufügen. Er muss sich jetzt gegen den Angriff des Diebs verteidigen: 38

➡ Tom besitzt mehr als 60 Stärkepunkte. Seine Kraft reicht aus, um den Dieb mit dem Fuß außer Gefecht zu setzen: 179

83 – LXXXIII

Mitten im Gedränge der Menschen hat sich eine Ansammlung gebildet. Männer und Frauen in Bauernkleidung stehen um einen nicht ganz so arm gekleideten jungen Glücksspieler. Er steht vor einer großen Kiste. Scheinbar gelingt es ihm immer wieder, die Zuschauer zu einem Würfelspiel zu überreden. Das Spiel scheint recht einfach zu sein. Wer die höhere Zahl würfelt, hat gewonnen. Aber da der Würfel des Glücksspielers offensichtlich gezinkt ist, hat kaum ein Mitspieler die Chance, gegen ihn zu gewinnen.

➡ Tom guckt dem Glücksspieler einen Moment lang zu: 100

➡ Tom bleibt nicht stehen und geht weiter: 200

➡ Tom hat bereits einmal beim Glücksspiel gewonnen: 250

84 – LXXXIV

Es wäre wohl angebracht, ihm zu gehorchen. Schließlich kennt er sich hier im Wald aus. Während wir hockend darauf warten, dass die Stimmen endlich vorübergezogen sind, flüstert er mehr zu sich: »Ich hasse Trolle!«

»Trolle? Was sind Trolle?«

»Du kennst keine Trolle? Das sind sehr bissige Waldwesen. Wer allein auf ein Rudel Trolle trifft, ist verloren, also hüte dich vor ihnen! Ach, was erzähle ich dir. Du bist mein Gefangener. Vielleicht wirst du nie wieder die Gelegenheit haben, auf Trolle zu treffen. Hahaha!«

Mit einem kräftigen Ruck zieht er an meinem Arm. Es tut sehr weh. Dann brüllt er: »Los, vorwärts jetzt!«

Nach einer ziemlich langen Strecke, auf der mich der Kerl brutal hin- und herschubst, erreichen wir offenbar das Diebeslager.

Zwei Frauen packen mich an den Armen. Sosehr ich mich auch wehre, ich schaffe es nicht, mich loszureißen. Sie sperren mich in einer Art übergroßen schaukelnden Vogelkäfig. Er ist so geräumig, dass bequem zwei Leute meines Alters hineinpassen würden. Wenigstens steht hier etwas zu trinken . . .

| Tom schläft erschöpft ein: 7

85 – LXXXV

Ich nehme all meinen Mut zusammen, ignoriere die stechenden Blicke und gehe hinüber zum Tresen, an dem der Wirt Bier zapft, und stottere: »Guten Tag!«

Ohne mich anzusehen, erwidert er meinen Gruß: »Sei gegrüßt, was kann ich für dich tun?«

»Ich suche einen Mann, er heißt Ywan. Können Sie mir sagen, wo ich ihn finde?«

Jetzt erst sieht der beschäftigte Mann mich an und fragt misstrauisch: »Aha, und was willst du von Ywan?«
»Er muss meinen verstorbenen Großvater gekannt haben. Ich brauche dringend seine Hilfe.« Nachdem mich der Wirt ausführlich von oben bis unten gemustert hat, deutet er mit einem kurzen Kopfnicken in Richtung Nebenraum. »Sieh hinten nach! Er sitzt dort meist allein. Wenn du Glück hast, ist er noch da.«
Cool. Doch zu früh gefreut, nebenan ist alles leer. Gerade als ich resigniert gehen will, fällt mir ein einzelner Becher auf einem der Tische ins Auge. Doch er ist leer. Vielleicht saß Ywan ja an diesem Tisch. Dann ist er sicher schon längst über alle Berge.
»Zu spät«, flüstere ich enttäuscht.
So ein Mist. Ich war schon so nah dran. Ratlos gebe ich dem Wirt ein Zeichen, dass ich keinen Erfolg hatte, und schlurfe mit hängenden Schultern zurück zur Eingangstür. Gerade in dem Moment, in dem ich mich mit meinem ganzen Gewicht an die schwere Eichentür hängen will, um sie zu öffnen, ruft aus dem Nebenraum jemand lautstark nach einem neuen Becher voll kühlem blondem Bier. Es klingt wie Musik in meinen Ohren. Sofort renne ich zurück in das Nebenzimmer. Und da, wo eben noch ein herrenloser Becher auf einem der leeren Tische stand, sitzt jetzt der Weiße Ywan. Er starrt auf die Tischplatte und murmelt dabei Unverständliches vor sich hin. Ywan ist ein groß gewachsener Mann, mit nicht sonderlich dicker, aber auch nicht gerade schlanker Figur. Er trägt ritterliche Kleidung, die aussieht, als habe sie schon mal bessere Tage erlebt. Und seiner zerzausten Mähne nach zu urteilen, scheint ihm das Wort Kamm fremd zu sein. Glücklicherweise weiß ich, dass viele Leute im Mittelalter mit Plagegeistern wie Läusen und Zecken zu kämpfen hatten. Es wäre also ratsam, entsprechenden Abstand zu halten. Ich wette, dass in seiner Haarpracht das wilde Parasitenleben tobt. Und sein Bart, der ist zwar rasiert, aber wieder weit genug gewachsen, um sein Gesicht wie ein Mohnbrötchen aussehen zu lassen.

Langsam gehe ich auf ihn zu. In diesem Augenblick greift er sich den leeren Becher und klopft damit einige Male hart auf den hölzernen Tisch. Wieder ruft er: »Wirt, wo bleibt meine Bestellung!«
Als er mich sieht, fragt er: »Willst du zu mir?«
»Äh, sind Sie Ywan?«
Bevor ich noch mehr sagen kann, brüllt er wieder: ». . . und bring für meinen Gast auch ein kühles Bier! Beeil Er sich! Die heiße Mittagssonne trocknet unsere Kehlen.«
Dann wendet er sich wieder mir zu: »Setz dich, mein Freund, wer bist du?«
»Mein Name ist Tom, ich darf noch kein Bier trinken.«
»Warum sagst du das nicht gleich. Ich kann doch nicht alles wissen.«

Wieder brüllt er: »Wirt, bringe Er meinem Gast einen kühlen Becher Fruchtsaft!«

Wieder zu mir gewandt, sagt er: »Dann muss ich eben auch noch deinen Becher leeren. Hoho, auch nicht schlecht. Wie sagtest du gerade, wie heißt du?«

»Ich heiße Tom, Sie müssen meinen Großvater gekannt haben. Deshalb bin ich hier.«

Plötzlich springt Ywan auf. Sein Stuhl kippt um und fällt polternd zu Boden. Dabei zieht er sein Schwert und fuchtelt einige Male unbeholfen damit herum. Mit vor Stolz geschwellter Brust tönt er: »Habe ich Ihn im Kampf besiegt und in meiner unermesslichen Barmherzlichkeit sein armseliges kleines Leben geschont? Oder habe ich Ihn von einem vierköpfigen Drachen befreit? Sage Er mir nichts! Lasse Er es mich ahnen! Du willst mir deinen Dank zollen, weil ich einem armen Bauersmann das Leben gerettet habe und wieder mal der ganzen Welt zeigen konnte, dass ich ein tapferer und ehrbarer Ritter bin?«

Ich fasse es nicht. Bin ich hier in einer Theatervorstellung gelandet oder darf ich jetzt auch mal was sagen? Er lässt mich gar nicht zu Wort kommen. Unbeeindruckt von meinen Versuchen etwas zu erklären, setzt er sein Schauspiel fort. Mit einem heftigen Hieb stößt er sein Schwert in das massive Eichenholz der Tischplatte und hält es fest, als wolle er einen Eid schwören.

»Nun ja, sicher, es war eine Heldentat, eine Gefälligkeit. Aber wie Er weiß, es sind harte Zeiten, lege Er also das Geld hier auf den Tisch und übergebe seinem Großvater meinen herzlichsten Dank. Ich sage derweilen ›lebe wohl!‹.«

Diese Art Selbstdarstellung hat mir tatsächlich die Sprache verschlagen. Ywan ist also ein Angeber. Nun ja, was soll es. Dann will ich ihn mal schnell aufklären. Ich sehe mich um. Es ist niemand da, der mithören könnte. Mit meinem Finger deute ich ihm an, näher zu kommen. Er sieht mich fragend an. Dann folgt er meiner Aufforderung. Es kostet ihn einige Kraft, das Schwert wieder von der Tischplatte zu lösen. Hoppla, und dieser Mann kämpft gegen Drachen? Schnaufend schnappt er sich mit einem betont lässigen Handgriff den Stuhl und setzt sich. Jetzt, wo er mir sein verschwitztes bärtiges Gesicht entgegenreckt, rieche ich seine Bierfahne. Wie unangenehm. Sein Blick verrät mir, dass er nicht nur gerne angibt, sondern auch gierig auf Neuigkeiten ist. Ich ziehe die Notiz meines Opas aus der Hosentasche und halte ihm den Zettel vor die Nase. Er kneift seine Augen zusammen. Aha, Augenprobleme hat er auch.

»Was ist das?«

»Das hat mein Opa notiert, als er noch lebte. Er ist gestorben!«

Ywan scheint genervt zu sein. »Und? Müssen wir nicht alle irgendwann einmal gehen? Bist du gekommen, um mir das zu sagen?«

»Ja, Sie müssen meinen Großvater gekannt haben.«

Ich vergewissere mich, dass ich keine fremden Zuhörer habe, und sage: »Auf diesem Zettel hat er Ihren Namen notiert. Er war mit einer Zeitmaschine aus der Zukunft in diese Zeit gereist. Bitte, Sie müssen ihn kennen.«

In diesem Augenblick stellt der Wirt die Getränke auf den Tisch. Ywan wirft mir einen viel sagenden Blick zu. Wir warten einen Moment, bis der Wirt, der uns beide neugierig fixiert, den Nebenraum wieder verlassen hat. Aufgeregt greift Ywan meinen Arm und fragt: »Gestorben sagst du? Und weshalb bist du jetzt hier? Bist du dir überhaupt im Klaren, wie gefährlich solche Reisen sein können? Dein Großvater hat mir vieles darüber erzählt. Zuerst konnte ich ihm gar nicht so richtig folgen. Vieles habe ich bis heute nicht verstanden, aber eines habe ich aus seinen Erzählungen gelernt. Jeder sollte in seiner Zeit bleiben und nichts von dem wissen, was einmal sein wird. Glaube es mir!«

Nach einer kurzen Pause lehnt Ywan sich zurück und schweigt. Dann sagt er leise in Erinnerungen versunken: »Wir haben lange

Abende hier gesessen und gemeinsam Becher für Becher geleert. Manchmal erzählte er mir, dass er die Zeitmaschine absichtlich auf eine etwas frühere Zeit eingestellt hat, weil es ihm großen Spaß machte, mich immer wieder neu kennen zu lernen.« Ywan lacht laut auf. »Obwohl ich nie genau verstanden habe, wie er es meinte. Oft kam er einfach nur so vorbei. Bis er eines Tages von einem Auftrag erzählte, über den er nicht sprechen durfte. Er sagte nur, dass unsere Zukunft vom Erfolg dieser Aufgabe abhinge. Seitdem habe ich ihn nicht wieder gesehen. In der ersten Zeit hoffte ich noch, er würde eines Tages durch die Tür kommen und sich wortlos zu mir setzen, wie er es immer getan hat. Aber leider ist das nie geschehen.«

Der Ritter greift unter sein Hemd und zieht eine kleine Dose und einen Kompass heraus. »An unserem letzten gemeinsamen Abend hat er mir diese Dinge geschenkt. In der Dose befindet sich ein Pulver. Es macht die Zeitmaschine wieder sichtbar.«

»Wie . . .«, fragte ich. »Man kann die Zeitmaschine unsichtbar machen?«

Ywan wundert sich: »Wusstest du es nicht?«

»Nein, ich habe die Zeitmaschine zufällig in der Erfinderkammer meines Opas gefunden. Er hat mir nie etwas darüber erzählt.«

»Nun ja, und mit diesem Kompass kannst du die unsichtbare Zeitmaschine aufspüren. Er nahm mir das Versprechen ab, dass egal, wer eines Tages aus der Zukunft kommen wird, ich ihm diese Dinge übergeben soll. Und das habe ich hiermit auch getan.«

Tom nimmt den Kompass und die kleine Dose mit dem Pulver an sich.

»Sichtbarkeitspulver, +1«

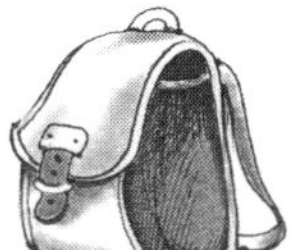

»Zeitmaschinenkompass, +1«

Der dicke Ritter sieht nachdenklich in sein Bier und schweigt. Sicher ist er genauso traurig über den Tod meines Opas wie ich. Es wäre wohl besser, wenn ich ihn jetzt allein lasse. »Ich muss jetzt weiter. Und vielen Dank für das Pulver und den Kompass.«
Als ich aufstehen will, hält er mich zurück. »Beinahe hätte ich es vergessen. Dein Großvater hatte mir Geld geliehen. Hier sind acht Mark. Die habe ich ihm geschuldet.«

| Tom steckt das Geld in seinen ledernen Geldbeutel.

| »Lederner Geldbeutel, +8«

»Auf Wiedersehen, Ywan.«
»Leb wohl, junger Mann! Pass auf dich auf!«

| Tom geht zum Wegweiser zurück: 167

86 – LXXXVI

Mist! Obwohl ich ihm mit meinen Tritten große Schmerzen zugefügt habe, kann er mich festhalten. Fieberhaft überlege ich, wie ich mich auf andere Art verteidigen kann. Ich brauche eine Waffe!

➡ Tom hat einen Teleskopdolch dabei und kämpft: 4

➡ Tom hat keinen Teleskopdolch dabei: 23

87 – LXXXVII

Gleich ist es aus mit mir!, denke ich noch, als plötzlich ein markerschütternder Schrei durch den Wald hallt. Der Schrei stammt wahrscheinlich nicht von einem der Trolle, denn die Stimme klingt eher

nach einer alten, keifenden Frau. Da höre ich sie ein zweites Mal: »Wollt ihr wohl verschwinden, ihr sabberndes, nichtsnutziges, bissiges Ungeziefer! Lasst gefälligst das arme Kind zufrieden!«
Jetzt stürzen die Trolle auseinander und flüchten in alle Himmelsrichtungen. Aus einem Augenwinkel heraus erkenne ich eine alte Frau auf mich zueilen. Sie ist mit einem weißen Nachthemd bekleidet und ihre langen, grauen Haare bedecken ihre Schultern. Dann wird mir wieder schwarz vor Augen.
Als ich langsam wieder zu mir komme, liege ich auf einem Bett aus Heu und vielen Decken und spüre ich eine warme Hand auf meiner Stirn. Meine Oma beugt sich über mich und fragt: »Wie fühlst du dich?«
Ich bin noch so benommen, dass ich kaum antworten kann. Und flüstere: »Oma, ich habe schlimme Sachen geträumt, dass ich im Mittelalter wäre und gegen Trolle gekämpft habe.«
Erschrocken fahre ich hoch, als jemand sagt: »Na, erstens bin ich nicht deine Großmutter und zweitens hast du das nicht alles geträumt. Die Trolle waren echt. Deswegen liegst du ja auch jetzt hier!«
Das ist nicht meine Oma. Ich fahre hoch, doch mein Kopf brummt so fürchterlich, dass ich einen Schmerzensschrei ausstoße. »Du solltest nicht so übermütig sein. Was du jetzt brauchst, ist Ruhe!«
Ich reibe meine Stirn. Dann fällt es mir langsam wieder ein. Nachdem ich gegen die Trolle gekämpft habe, erschien diese merkwürdige Frau. Wahrscheinlich hat sie mich vor den ekelhaften Kreaturen gerettet. »Wer sind Sie?«
»Oh, mein Name ist Samia.« Dann lacht sie: »Nicht deine Großmutter. Wie kommt es eigentlich, dass du dich allein im Wald herumtreibst? Ist es nicht zu gefährlich, so allein und ohne Schutz?«
»Nun ja, das ist eine lange Geschichte, aber trotzdem bin ich Ihnen dankbar, dass sie mich gerettet haben. Es war wohl ziemlich leichtsinnig von mir, mich mit den Trollen anzulegen, oder?«

»Ja, das ist wohl wahr, mein Junge. Aber jetzt solltest du richtig zu Kräften kommen. Es wäre doch gelacht, wenn es mir nicht gelänge, dich wieder aufzupäppeln.«
»Es tut mir Leid, dass ich Ihnen so viele Umstände mache.«
»Ist schon gut. So habe ich wenigstens Gesellschaft. Es kommen nicht viele hier heraus.«
»Sie wohnen ganz alleine im Wald?«
»Ich bin eine Kräuterhexe. Der Wald ist meine Heimat. Hier finde ich alles, was ich brauche, um Heilmittel, Tränke oder Tees herzustellen. Ich weiß alles über den Wald und seine Bewohner.«
»Haben die Trolle deshalb solche Angst vor Ihnen?«
»Nun, ich hatte ein wenig Unterstützung. Hier, diese Trollpfeife. Sie erzeugt einen Ton, den nur die widerlichen Trolle hören können. So laut und schrill, dass es in ihren Ohren klingt, als würde ein Gewitter in ihren verlausten Köpfen wüten. Hier, du solltest sie an dich nehmen. Vielleicht kannst du sie noch einmal gebrauchen.«
»Ja sicher, danke.«

| Tom erhält von Samia eine Trollpfeife.

| »Trollpfeife, +1«

Samia hängt mir die Trollpfeife, die an einem langen, ledernen Bändchen befestigt ist, um den Hals.
»Leg dich noch ein wenig hin, ich werde dir einen Trank brauen, der dich wieder zu Kräften bringt.«
Eigentlich sollte ich vorsichtig sein. Ich weiß nicht, ob ich Samia vertrauen kann. Vielleicht hat sie mir die Trollpfeife nur geschenkt, um mich in Sicherheit zu wiegen. Sie will mein Vertrauen kaufen. Hier im Mittelalter kann man offenbar nicht vorsichtig genug sein. Andererseits: Sie hat mir das Leben gerettet . . .

➡ Tom traut der Kräuterhexe Samia: 225

➡ Tom traut der Kräuterhexe nicht und flieht: 239

88 – LXXXVIII

Endlich, nach einer halben Stunde habe ich zumindest den schattigen Wald erreicht. Es tut gut, sich hier im Kühlen etwas auszuruhen. Ich bin nass geschwitzt und habe höllischen Durst.

| Tom ruht sich aus und sammelt etwas Stärke.

| »+15«

So, das dürfte reichen. Ich sollte meinen Weg fortsetzen. Ah, sieh mal da. Ein hölzerner Wegweiser weist in eine Stadt, zur Burg Kyldavèl und zur Burg Norgast.

89 – LXXXIX

Hilfe, ich will raus hier. Hier geht’s auch nicht weiter!

| Tom geht zurück: 245

90 – XC

Ich muss zugeben, dass ich ziemlich neugierig bin, wer sich die ganze Zeit Scherze mit mir erlaubt hat. Aber ich will es diesen Spaßvögeln nicht allzu leicht machen.

»Ach, willst du dir es denn nicht noch einmal überlegen?«, kommt die Frage kleinlaut.

Ich bleibe stehen. Dann dämmert es mir. Haben sie nicht gerade gesagt, es würden selten *Menschen* vorbeikommen? Jetzt kann ich meine Neugierde kaum noch bremsen. Ich bleibe stehen und frage zögernd: »Nehmen wir an . . . ich würde jetzt stehen bleiben und mich zu euch umdrehen. Wärt ihr dann endlich zu sehen?«

Wieder ertönt fröhliches Geplapper junger und alter Stimmen. Mir scheint, als wären sie erleichtert. Ich nehme an, sie meinen es ehrlich. Vielleicht wollten sie mich tatsächlich nicht verletzen.

Dann meldet sich wieder die tiefe Stimme zu Wort: »Du kannst dich jetzt umdrehen. Wir sind bereit.«

Und zu seinen Freunden sagt die Stimme: »Und stellt euch gerade hin!«

Zuerst drehe ich langsam nur meinen Kopf. Dann auch meinen Körper und da sehe ich . . . nichts!

Ich krieg die Krise. Doch bevor ich aus tiefstem Herzen losbrüllen kann, sagt eine warme Frauenstimme: »Sieh nach unten! Hier sind wir. Wir sind Blumen, wir sprechen mit dir.«

Ehrlich gesagt, so überrascht geguckt wie jetzt habe ich in meinem ganzen Leben noch nicht. Meine Kinnlade ist heruntergeklappt, die Augen sind weit aufgerissen und meine Haltung ist alles andere als

normal. Ich muss zugeben, dass ich es trotzdem immer noch nicht glauben kann. Vorsichtig knie ich mich nieder, um nicht versehentlich auf die Blumen zu treten, die hier überall rundherum auf dem Waldboden wachsen. Ihre Blüten ähneln denen der Glockenblumen. Nur diese sind viel schmaler. Ganz nahe gehe ich jetzt mit dem Kopf an eine der Blüten heran und flüstere: »Wer seid ihr?«
Die Blume antwortet mit einer Gegenfrage: »Die Frage ist, wer bist du?«
»Äh, ich bin Tom. Tom Traveller.«
»Nun, vielleicht kannst du uns helfen? Kannst du rechnen? Seit Anfang des Sommers rätseln wir über einer Aufgabe, von der wir einfach keine Idee haben, wie wir sie lösen können. Sieh, da vorne zwischen den jungen Pflanzen steckt geschützt unter Blättern eine Notiz mit einer Rechenaufgabe, die jemand hier im Wald verloren hat. Dieser Zettel enthält Symbole, von denen wir einfach nicht wissen, was sie bedeuten. Meinst du denn, es gelingt dir, das Ergebnis zu errechnen? Du würdest uns eine große Freude damit machen.«
Ich greife nach dem Zettel und sehe ihn mir genau an.

Es dauert auch nicht lange, da habe ich das Ergebnis berechnet. Die Blumen sind hellauf begeistert. Ich darf den Zettel behalten. Eigentlich bin ich ganz froh darüber, denn die Symbole, die dort aufgezeichnet sind, habe ich bereits irgendwo schon einmal gesehen. Ich beschließe mir das Ergebnis der Rechenaufgabe gut zu merken. Eine ältere Blume unterbricht mich, während ich gedankenversunken auf den Zettel starre:
»Wir möchten ja nicht unhöflich sein, aber es wäre sehr freundlich von dir, wenn du künftig nicht einfach so zwischen den Bäumen hindurchgehen würdest, sondern die Pfade oder Waldwege benutzen könntest.«
Nachdem wir uns ausreichend über Waldpflanzen unterhalten haben, muss ich mich leider wieder auf den Weg machen. Es macht Spaß, mit Blumen zu plaudern. Zumindest mit diesen hier, die außerdem einen Sinn für Humor haben. Ich schnalle meinen Rucksack um und gehe weiter. Hey, was ist das da vorne? Wenn ich mich nicht irre, sieht das wie ein Trampelpfad aus. Nur, in welche Richtung soll ich gehen?

➡ Tom geht nach rechts: 56

➡ Tom geht nach links: 119

91 – XCI

»Nein, vielen Dank, Samia. Ich wüsste nicht, wofür ich die Kräuter gebrauchen könnte. Leider muss ich jetzt gehen, obwohl ich mich sehr wohl bei Ihnen fühle.« Ich verschnüre den Rucksack und schnalle ihn auf den Rücken. »Danke für alles.«
Auch diesmal fällt mir der Abschied schwer. Während ich Samias Hütte verlasse, sehe ich mich noch einmal zu ihr um. Sie winkt mir nach und ruft: »Viel Glück, Tom!«

▌ Tom macht sich wieder auf den Weg: 114

92 – XCII

Ich frage mich, was es mit diesem Amulett auf sich hat. Es enthält vier Symbole. Sie kommen mir so vertraut vor, als würde ich sie schon einmal gesehen haben. Nur, was könnten sie bedeuten? Nachdenklich blicke ich mich in der Werkstatt um. Da sehe ich ein Rechenbrett, an dessen oberem Rand eine Abbildung des Amuletts eingelassen ist. Ich halte das Metallstück drüber, um beides miteinander zu vergleichen, und stelle fest, dass es problemlos hineinpasst. Nicht nur das, es rastet mit einem hörbaren Klick ein. Ob das ein geheimer Mechanismus ist? Ich nehme die Tafel genauestens unter die Lupe, kann aber keinen Schalter finden, geschweige denn eine Verbindung zu einem anderen Gegenstand. Vielleicht helfen mir die Münzen auf dem Rechenbrett weiter. Ich sollte hierfür den Notizzettel meines Opas mit den römischen Zahlen zu Hilfe nehmen. Sicher ist, dass jemand eine Rechenaufgabe nicht zu Ende bringen konnte. Das erkenne ich daran, dass die Anordnung der Münzen zwei voneinander getrennte Zahlen darstellt. Die Frage ist nur, ob sie addiert oder subtrahiert werden müssen.

| »Rechenbrett«

93 – XCIII

Die Kinder haben mich umzingelt. Wenn ich jetzt nicht vorsichtig bin, fallen sie vielleicht über mich her. Ich sollte keine Risiko eingehen und lieber stehen bleiben. Um ihnen anzudeuten, dass ich meine Flucht aufgegeben habe, drehe ich mich wieder um. Die beiden Frauen, die vorhin die Wassereimer getragen haben, haben sich mittlerweile mit einem Schwert bewaffnet und kommen auf mich zu. »Nehmt ihm sein Gepäck ab und sperrt ihn in den Käfig! Unsere Männer kümmern sich heute Abend um ihn.«
Es war die Stimme der alten Frau, die mir vorhin den Saft angeboten hat. Meine Situation scheint aussichtslos.

➡ Tom hat einen Teleskopdolch dabei. Er kämpft mit den Frauen: 218

➡ Mist, Tom besitzt keinen Teleskopdolch. Er muss aufgeben: 210

94 – XCIV

Mit dem Rucksack in der Hand springe ich auf und renne zur Tür. Während ich die Tür schnell hinter mir schließe, um ihr die Verfolgung zu erschweren, ruft sie mir etwas nach, was ich jedoch in meiner Aufregung überhöre. Ich laufe so schnell ich kann zwischen den Bäumen hindurch, bis ich wieder zum Trampelpfad gelange. Schwer atmend bleibe ich stehen und überlege, in welche Richtung ich weitergehen soll.

➡ Tom geht nach links: 47

➡ Tom geht nach rechts: 22

95 – XCV

Wieder geht's nicht weiter. Langsam glaube ich, es wäre besser, einen Plan anzulegen.

Tom geht zurück: 80

96 – XCVI

Sie reicht mir den Becher. Er fühlt sich kühl an. Der Inhalt duftet lecker nach Fruchtsaft. Ohne Zweifel ist es eine willkommene Erfrischung in dieser Hitze, aber man kann ja nie wissen. Vielleicht hat sie etwas hineingemischt. Zutrauen würde ich es ihr. Nein, ich werde es nicht trinken, sondern gleich wieder verschwinden. Ich setze mein freundlichstes Lächeln auf und säusele: »Danke, das ist sehr freundlich von Ihnen, aber ich kann es leider nicht annehmen. Von Saft bekomme ich unbeschreibliche Bauchschmerzen. Und dagegen ist leider noch kein Kraut gewachsen.«

Also reiche ich ihr den Becher wieder hinüber. Aber sie will ihn nicht nehmen. Sie beharrt darauf, dass ich den Saft trinke, und befiehlt streng: »Trink!« Dann wird ihr wohl bewusst, dass sie sich mit diesem Befehlston verraten könnte, und fügt etwas freundlicher hinzu: »Äh, es wird dir gut tun. Davon bekommst du sicher keine Bauchschmerzen.«

Aber ich will mich doch nicht vergiften lassen. Ich muss das Zeug irgendwie loswerden. In diesem Moment greift sie meine Hand, in der ich den Becher immer noch fest umklammert halte, und führt ihn hoch zu meinem Mund. Tausend Gedanken schwirren durch meinen Kopf. Ich will doch wieder zurück nach Hause. Jetzt wird mir klar, dass es eine absolut bescheuerte Idee von mir war, mich in die Höllenmaschine zu setzen und mich auf dieses gefährliche Abenteuer einzulassen.

»Nun trink!«

Meine Gedanken werden durch ihre Aufforderung unterbrochen. Da fällt mir eine Geschichte ein, die meine Mutter immer am Mittagstisch erzählt, wenn wir Spinat essen. Als ich noch ein kleiner Junge war, habe ich alles das, was ich nicht mochte, einfach mit vollem Karacho ausgeprustet. Ich habe einfach geniest und das ekelhafte Essen ungenießbar gemacht. Mein Vater hat deshalb eine farbige gesprenkelte Küchentapete angeschafft. Sonst hätten sie nach jeder Mahlzeit die Essecke in unserer Küche renovieren müssen.

Während ich die alte Frau anlächle, führe ich den Becher an meine Lippen. Mit der anderen Hand drücke ich einige Male meine Nasenflügel zusammen. Dann sehe ich kurz zum Himmel, hole tief Luft und mit einem lauten Pschiii niese ich, dass einem schlecht davon werden könnte. Die alte Frau springt zur Seite, wischt sich mit dem Tuch das Gesicht trocken und meckert: »Kannst du nicht aufpassen! Das ist ja ekelhaft!«

Ich habe »versehentlich« den Becher dabei fallen lassen. Der wohl vergiftete Inhalt sickert in den weichen Waldboden. Ich jammere: »Oh, der kostbare Saft. Das tut mir aber Leid. Ich wollte gerade trinken. So eine Ungeschicktheit. Könnten Sie mir neuen holen?«

Sie beäugt mich misstrauisch, dann dreht sie auf der Stelle um und geht in die Hütte.

Ich nutze die Gelegenheit und laufe los. Doch dummerweise habe ich bei meinen Fluchtabsichten nicht an die Kinder gedacht. Zwei der älteren sind ebenfalls losgerannt. Die anderen haben sich mittlerweile verteilt. Wahrscheinlich versuchen sie mich zu umzingeln. Ich muss schaffen das Dickicht der Bäume zu erreichen, bevor sie mich eingeholt haben.

➡ Tom hat mehr als 60 Stärkepunkte und schafft es zu fliehen: 220

➡ Tom hat 60 Stärkepunkte oder weniger und schafft es nicht zu fliehen: 93

97 – XCVII

Nach beinahe einer Stunde habe ich endlich das Stadttor erreicht. Der Feldweg geht an dieser Stelle in eine mit Steinen gepflasterte Straße über. Sie führt direkt in das Stadtinnere. Leider muss ich noch ein Stück gehen, bis ich endlich den Marktplatz im Zentrum der Stadt erreicht habe. In unterschiedlichen Abständen zwischen eng stehenden Fachwerkhäusern verbinden schmale Gassen die größeren Straßen, die alle zur Stadtmitte hinführen. Es wimmelt nur so von Menschen. Fast alle tragen sie hier bäuerliche Kleidung. Selten kommt mir jemand in etwas vornehmeren Klamotten entgegen. Ein Durchkommen ist fast unmöglich. Obwohl mich einige Leute so merkwürdig anstarren, bin ich froh, dass ich in meinem etwas ungewöhnlichen Outfit in diesem Gewimmel nicht sonderlich auffalle. Aus den mit Mauern umgebenen Hinterhöfen dringen Laute von Schweinen, Hühnern und Gänsen. Hier sind es nicht nur die Haustiere, die Geräusche machen, auch das Hämmern und Sägen der Handwerker, die zu dieser Zeit fleißig am Ausbau ihrer Städte arbeiten, ist zu hören.

Langsam spüre ich ein Kribbeln im Bauch. Mir wird langsam klar, dass die Menschen, die ich hier treffen werde, keine Statisten sind, die nach erfolgreichem Drehtag in ihr Auto steigen und wie selbstverständlich Klimaanlage einschalten und per Handy zwei feurig gewürzte Pizza Forza mit Schinken, Tomaten und Mozzarella bestellen. Dies ist kein Film, den man beliebig zurückspulen kann, um falsche Entscheidungen rückgängig zu machen. Im Gegenteil, das hier ist echt . . . absolut echt.

➡ Tom geht über die Hauptstraße bis zum Marktplatz: 174

➡ Tom geht durch die engen Gassen zum Marktplatz: 51

98 – XCVIII

Nur schnell weg hier. Ich werde mich hüten den Trampelpfad zu benutzen. Lieber laufe ich zwischen den Bäumen hindurch. Das ist zwar anstrengender, dafür aber sicherer. Ich möchte nicht wissen, was sie mit mir machen, wenn sie mir auf meiner Flucht begegnen. Ich laufe und laufe. Der Wald scheint nie zu enden.

Dann endlich sehe ich wieder den Trampelpfad. Wenn ich mich nicht täusche, ist dies hier die Stelle, an der ich mit meiner Zeitmaschine gelandet bin. Ja, richtig, da vorne auf dem Stein hat D'Elmas gesessen. Dann laufe ich weiter. Der Trampelpfad führte mich direkt zu diesem Waldweg. Er teilt sich an dieser Stelle in drei Richtungen. Ein hölzerner Wegweiser weist in eine Stadt, zur Burg Kyldavèl und zur Burg Norgast. In welche Richtung soll ich jetzt gehen?

99 – IC

Zu Fuß wird es viel länger dauern, bis ich die Burg erreicht habe. Aber ich nehme den Stress gern in Kauf, bevor ich noch neugierige Fragen beantworten muss. Wenn ich mir die Entfernung bis zur Burg betrachte, ist es zwar verlockend, auf einem Karren mitzufahren, aber dennoch glaube ich, es ist sicherer, mit den Leuten hier so wenig Kontakt wie möglich aufzunehmen. Schließlich könnte jeder ein Anhänger des Schwarzen Ritters sein.

Je weiter ich gehe, desto schwerer werden meine Beine. Ich habe das Gefühl, dass an jedem meiner Füße mindestens ein Kilo Blei hängt. Immer wieder überholen mich mit Getreidesäcke beladene Ochsenkarren. Irgendwie sehne ich mich jetzt doch danach mitzufahren. Aber ich muss durchhalten. Ein weiter Weg steht mir nicht mehr bevor.

Tom hat sich sehr angestrengt und verliert Stärkepunkte.

»–15«

Geschafft! Endlich da. Für diesen Weg habe ich eine Ewigkeit gebraucht. Am liebsten würde ich mich erst einmal ins Gras fallen lassen und im Schatten der Burgmauer ein Schläfchen machen. Durst habe ich auch. Zum Glück ist noch genug Wasser in meiner Feldflasche. Hey, Wasser kann ja so gut schmecken.

Tom überlegt sich, mit wie vielen Äpfeln er sich stärken soll. Er wählt zwischen einem, zwei oder drei Äpfeln:

➡ Tom isst einen Apfel.

»Apfel, –1«

»+10«

➡ Tom isst zwei Äpfel.

»Apfel, –2«

»+20«

➡ Tom isst drei Äpfel.

»Apfel, –3«

»+30«

Plötzlich ruft jemand: »Hey, du, geh weiter! Du versperrst den Weg.« Meint er mich? Aber ich stehe doch gar nicht im Weg. Der Wachtposten muss mich verwechseln: »Los, weiter mit dir!« Er meint tatsächlich mich und kommt näher.

»Los, willst du nun in die Burg oder hier Wurzeln schlagen. Es ist verboten, vor dem Burgtor zu betteln.«

»Aber ich bettele doch gar nicht.«

»Hör zu, entweder du gehst hinein oder verschwindest hier, verstanden?« Ich entschließe mich in die Burg zu gehen. Vom großen Torhaus gelange ich direkt in den unteren Burghof. Ich durchquere ein weiteres Tor auf der gegenüberliegenden Seite und lande schließlich im mittleren Burghof. Erstaunlich, wie viele Handwerker sich mit ihren Hütten ringsherum an der Burgmauer angesiedelt haben. Ich bin überrascht, dass so viele Menschen hier ein und aus gehen. Wahnsinn! Ich habe immer gedacht, dass nur der Burgherr und seine Bediensteten auf einer Burg leben würden. Und jetzt sehe ich, dass das ganze Dorf hier aus und ein geht. So eine Gelegenheit wie heute, in einem echten Burghof zu sein, bekomme ich vielleicht nie wieder. Eigentlich sollte ich mich erst einmal genau umsehen, bevor ich nach D'Elmas suche. Aber Auftrag ist Auftrag . . .

➡ Tom sieht einen Mönch und fragt ihn nach D'Elmas dem Magier: 130

➡ Tom ist lieber vorsichtig, weil hier jeder ein Anhänger des Schwarzen Ritters sein kann. Er sucht allein nach D'Elmas und geht in den Hauptturm: 223

➡ Tom verlässt die Burg wieder: 249

100 – C

Ich stelle mich zu den Schaulustigen und beobachte, mit welcher Geschicklichkeit der Glücksspieler den Leuten das Geld aus der Tasche zieht. Die Leute tun mir Leid, denn sie ahnen nicht, dass der Betrüger die niedrigen Augenzahlen seines Würfels mit einem Gewicht beschwert hat. So würfelt er immer nur hohe Augenzahlen und siegt. Für die umstehenden Opfer ist es aussichtslos, zu gewinnen.

Während ich gebannt auf die immer wieder fallenden Würfel starre, habe ich das seltsame Gefühl, beobachtet zu werden. Ich spüre, wie mir ein kalter Schauer über den Rücken läuft. Es ist wohl besser zu verschwinden. Gerade will ich mir einen Weg durch die dicht gedrängte Menge bahnen, höre ich meinen Namen: »Tom, bleib!«
In meiner Magengegend macht sich ein Gefühl breit, als müsste ich dringend aufs Klo, denn jetzt starren mich auch noch die mittlerweile verstummten Zuschauer an. Als würde eine schnelle Bewegung die Spannung zum Explodieren bringen, schaue ich mich vorsichtig und ganz langsam um, woher denn wohl die Stimme kam.
Wieder sagt jemand meinen Namen: »Tom, wage ein Spiel!«
Der Glücksspieler. Ungläubig starre ich von seiner Hand hoch in seinen undurchschaubaren Gesichtsausdruck. Lächelnd hält er mir einen Würfel entgegen.
»Wage ein Spiel!«, wiederholt er seine Aufforderung.
Dann wendet er sich laut lachend seinem Publikum zu und ruft: »Auch er soll die Gelegenheit haben, Ansehen und Wohlstand zu erlangen! Hahaha!«

➡ Tom wagt ein Spiel: 122

➡ Tom will nicht spielen: 27

101 – CI

Die Gassen hier werden zunehmend dunkler und stickiger. Mir wird langsam mulmig zu Mute. Ein seltsames Gefühl, verfolgt zu werden, beschleicht mich. Als ich mich umdrehe, ist nichts zu sehen. Wahrscheinlich habe ich mich getäuscht. Dann nach wenigen Schritten spüre ich es ganz deutlich. Ich drehe mich wieder um, da sehe ich, wie eine kleine Gestalt in einem der Hauseingänge verschwindet.

➡ Tom dreht sich um und geht zum Hauseingang: 221

➡ Tom geht einen Schritt schneller: 126

102 – CII

Es ist besser, wenn ich mich schleunigst auf den Weg mache, um in die Stadt zu gelangen. Vielleicht werde ich da Glück haben und einige der Pergamentteile finden. Ich sehe vor mir einen langen Feldweg, der direkt in die Stadt zu führen scheint. An der großen Eiche, die auf halber Strecke am Wegrand steht, macht der Weg eine leichte Rechtsbiegung. Bis dorthin scheint es keinen schattigen Platz zu geben. Ich beeile mich. An der Eiche angekommen, setze ich mich und hole die Feldflasche aus dem Rucksack. Ich habe riesigen Durst. Die heiße Luft liegt wie ein schwerer Bleimantel über dem ausgetrockneten Boden. Irgendetwas ist anders hier. Es ist ungewöhnlich still. Richtig, die Motorengeräusche von Autos oder Motorrädern fehlen. Auch Kondensstreifen von Passagierflugzeugen am wolkenlosen Himmel sind nicht da. Das Mittelalter strahlt eine andere Art von Ruhe aus. Das friedliche Zwitschern der Vögel, das Summen der Bienen und . . . Pferdehufe! Es ist ein Pferdekarren! Was mache ich jetzt? Ob ich mich verstecken sollte?

➡ Tom versteckt sich hinter der Eiche und wartet, bis der Pferdekarren vorbeigezogen ist: 79

➡ Tom bleibt unter der Eiche sitzen und wartet: 50

103 – CIII

Hier in der Burg ist es dunkel und kühl. Nur Kerzen, die an hängenden Kerzenhaltern brennen, sorgen für genügend Licht. Napoleon, unser Geschichtslehrer, erzählte, dass so eine Burg pro Tag ungefähr eineinhalbtausend Kerzen brauchte, bis alle Räume ausreichend beleuchtet waren. Hier im Eingang hängen schon einige hundert. Ich staune. Die müssen ihre eigene Kerzenfabrik haben, um diese Mengen aufbringen zu können.

Während ich noch Kerzen zähle, höre ich Schritte. Weiter hinten in diesem langen Gang sehe ich einen Bediensteten mit Schriftrollen in der Hand auf mich zukommen. Was soll ich machen?

➡ Tom versteckt sich: 28

➡ Tom humpelt mit seinem »kranken« Bein weiter: 189

104 – CIV

»Haben Sie nicht etwas Größeres da, ich möchte ja nicht unhöflich sein, aber mit dem kleinen Ding würde ich bei jedem Kampf sprichwörtlich den Kürzeren ziehen.«
»Nun ja, du magst Recht haben.« Er legt das kleine Messer wieder zurück auf seinen Arbeitstisch, dann wendet er sich mir zu und fragt: »Was hast du dir denn vorgestellt?«
»Vielleicht ein Schwert, das klein genug ist, um es zu verbergen, und groß genug, um mich damit gegen jede Art von Überfällen verteidigen zu können.«
Der Schmied kratzt sich nachdenklich den Hinterkopf und fragt: »Das wäre kein Problem. Bis wann bräuchtest du es?«
»Na ja, am liebsten sofort!«
Er schüttelt ablehnend seinen Kopf und sagt: »Das ist unmöglich. Es würde ein paar Wochen dauern. Die Kundenliste wird von Tag zu Tag länger. Bald muss ich mir einen Gehilfen suchen.« Mist. So lange kann ich doch nicht warten. Einen Augenblick mustert mich der Schmied und fragt: »Hättest du nicht Lust, bei mir das Schmiedehandwerk zu erlernen? Du bist zwar nicht übermäßig kräftig gebaut, aber mir scheint, du bist ein drahtiges Persönchen. Ich zahle nicht schlecht. Dein Lohn wäre eine Unterkunft in meinem Haus. Du hättest reichlich zu essen und zu trinken und wöchentlich einen Beutel gefüllt mit 20 Mark.«

»Nein danke, ich muss bald wieder zurück nach Hause in meine Heimatstadt. Ich bin nur zu Besuch hier.«
Es kommt mir vor, als bedauere der Handwerker wirklich, dass ich kein Interesse habe. Na, dann werde ich mich mal wieder auf die Socken machen.
»Ich muss weiter. Auf Wiedersehen!«
»Leb wohl, junger Mann! Und solltest du es dir doch noch anders überlegen, frag einfach später noch mal nach!«
Bevor ich die Tür von außen schließe, sage ich: »Das mache ich und vielen Dank für das Angebot.«
»Leb wohl!«
Ich schließe die schwere Holztür und befinde mich wieder in der Gasse.

| Tom geht zum Wegweiser zurück: 167

105 – CV

Ich glaube es nicht. Es geht hier nicht weiter.

| Tom geht zurück: 152

106 – CVI

Die Gasse macht eine leichte Rechtsbiegung.

| Tom überlegt sich, mit wie vielen Äpfeln er sich stärken soll. Er wählt zwischen einem, zwei oder drei Äpfeln:

➡ Tom isst einen Apfel.

| »Apfel, –1«

| »+10«

➡ Tom isst zwei Äpfel.

❙ »Apfel, –2«

❙ »+20«

➡ Tom isst drei Äpfel.

❙ »Apfel, –3«

❙ »+30«

Da vorne sehe ich eine Menge Menschen. Dort muss der Marktplatz sein. Also gehe ich einen Schritt schneller.

➡ Tom war noch nicht auf dem Marktplatz und sieht sich dort um: 206

➡ Tom war bereits auf dem Marktplatz und geht direkt zum Wegweiser: 167

107 – CVII

Obwohl ich nicht genau weiß, wonach ich eigentlich suche, leuchte ich beinahe jeden Millimeter des feuchten Gemäuers mit meiner Taschenlampe ab. Dabei versuche ich so systematisch wie möglich vorzugehen, um auch wirklich nichts zu übersehen. Immer wieder beginne ich von neuem, weil ich mir einbilde versehentlich eine Stelle ausgelassen zu haben. Doch je öfter ich diese Prozedur wiederhole, desto mehr sinkt meine Hoffnung jemals wieder das Tageslicht zu erblicken. Es ist eigentlich unwahrscheinlich, dass irgendwo in der Wand eine Möglichkeit eingelassen ist, hier wieder rauszukommen. Trotzdem möchte ich nichts unver-

sucht lassen. Bereits der kleinste Hinweis kann mein Leben retten. Es ist furchtbar anstrengend, lange und konzentriert auf die beleuchtete Stelle an der Wand zu starren. Jetzt fangen auch noch meine Augen an zu tränen. Das erschwert mir die Suche. Glücklicherweise habe ich ein Papiertaschentuch dabei. Während ich die Taschenlampe neben mir auf den Rucksack lege, um meine feuchte Wange abzuwischen, traue ich meinen Augen nicht. Vom Strahl der Lampe angeleuchtet, erkenne ich am unteren Rand der Mauer einige eingeritzte Zeichen. Vier Steine sind mit einem Punkt markiert. Wahrscheinlich bilden sie eine Umrandung. Wie ein Magnet haftet jetzt mein Blick auf diesen garantiert nicht zufällig angebrachten Zeichen und ich erhebe mich langsam, um mir die Stelle genauer anzusehen.

Genau im Zentrum dieser Umrandung ist ebenfalls ein Stein, hier allerdings mit einem Viereck markiert. Vorsichtig streiche ich mit der Hand darüber. Dann drücke ich etwas fester zu und der Stein bewegt sich mit einem leisen Knirschen. Auf seiner rechten Seite ragt er nun ein Stück heraus. Ich ziehe ihn vorsichtig aus der Wand. Zum Vorschein kommt ein Zahlenschloss mit einem Hebel. Davor liegt ein kleiner, fast vermoderter Zettel. Ich falte ihn auseinander:

Na klar, die römischen Zahlen auf Opas Zettel werden mir bei der Aufgabe XXX + X · III · II + I helfen. Das klappt bestimmt! »Was soll das? Das ist doch total einfach?« Doch bei dem Gedanken, diesem widerlichen Kerker in wenigen Augenblicken unbeschadet entkommen zu sein, fällt es mir schwer, mich auf die Aufgabe zu konzentrieren. Meine Hände zittern vor Aufregung. »Na los, Tom, streng dich an! Komm schon!«, murmel ich immer wieder. Ehe ich ganz durchdrehe, fällt mir zum Glück Opas Notizzettel ein. »Na klar, die römischen Zahlen auf dem Zettel werden mir helfen. Damit klappt es bestimmt.«

»Kerkeraufgabe«

108 – CVIII

Die Sonne scheint mich auszutrocknen. Wenn ich mein Cap nicht auf dem Kopf hätte, wäre mein Gehirn sicherlich schon ganz bröselig. Der monotone Trab der Pferde und das knarrende Geräusch der Wagenräder schläfern mich ein.

Tom hat ausgeschlafen. Er hat seine ganze Stärke wieder.

»100«

»Hey, du aufwachen. Wir gleich erreichen Stadttor!«
Während der Händler mich weckt, bemerke ich, dass der Karren steht. Das Sonnenlicht blendet meine noch verschlafenen Augen. Wahrscheinlich haben wir unser Ziel erreicht. Ich drehe mich zur Seite. Es herrscht ein reger Verkehr hier auf der unbefestigten Straße. Viele Bauern ziehen Handkarren mit Lederwaren hinter

sich her, tragen Körbe voll Obst auf ihrem Rücken oder treiben Pferde- oder Ochsenkarren an, auf denen sie Käfige mit lebendigem Federvieh transportieren. Wahrscheinlich werden sie all diese Waren auf dem Markt zum Kauf anbieten. Das Einzige, was ich momentan von der Stadt zu sehen bekomme, ist die schützende Steinmauer ringsherum. Je näher wir dem Stadttor mit seinem hohen Wachtturm kommen, desto aufgeregter werde ich. Wir begegnen immer mehr Menschen. Überall tollen spielende Kinder herum und die etwas vornehmeren Leute scheinen den Markt für ihre Einkäufe zu nutzen. Hey, warum gucken mich alle so merkwürdig an? Es muss an meinem Cap liegen, aber abnehmen will ich es trotzdem nicht, schließlich kann ich damit wunderbar meinen Spracheübersetzer verbergen. Ist doch eigentlich klar, dass sie mich mit meinen Sachen für einen Außerirdischen halten müssen. Obwohl ich mich so klein wie möglich mache, starren sie mich unentwegt an.

➡ Tom bittet den Händler ihn bis zum Marktplatz mitzunehmen: 194

➡ Tom steigt ab, um die Stadt von hier aus zu erkunden: 68

109 – CIX

Es ist eine gute Entscheidung von mir gewesen umzukehren. Wahrscheinlich hätte ich einen großen Fehler gemacht. Dort drüben auf der linken Seite erkenne ich einen Trampelpfad. Soll ich da hineingehen? Wer weiß, was mich im Dickicht der Bäume erwartet.

➡ Tom geht den Trampelpfad entlang: 119

➡ Tom geht zurück zum Wegweiser: 110

110 – CX

Ein hölzerner Wegweiser weist in eine Stadt, zu einer Burg mit Namen Kyldavèl und zu einer Burg mit Namen Norgast.

111 – CXI

Glück gehabt. Meine Taschenlampe funktioniert noch. Die Batterien habe ich übrigens kurz vor meiner Abreise ausgewechselt. Ich leuchte auf den schwarzen Schatten, der mittlerweile wieder meine Nähe gesucht hat. Wie ekelhaft, es ist eine Art Ratte. Allerdings ist das Tier beinahe so groß wie ein ausgewachsenes Kaninchen. Wild schlage ich mit der leuchtenden Taschenlampe um mich, damit ich das Vieh vertreiben kann.

Da blinzelt es mit seinen rot leuchtenden Augen und fragt: »Was soll das? Willst du mir damit Angst machen?«

Vor Schreck lasse ich die Taschenlampe fallen. Der Strahl beleuch-

tet nun das Tier von der Seite. Es sieht aus wie die Miniausgabe eines Monsters. Ich drücke meinen Spracheübersetzer fester in mein Ohr. Ob er auch Tierstimmen übersetzen kann? Das Tier betrachtet meine Taschenlampe.
»Du solltest deinen leuchtenden Stab wieder aufheben. Er könnte dir nützlich sein.«
Also hebe ich meine Taschenlampe wieder auf. Ich glaube es nicht, aber mein Spracheübersetzer übersetzt nicht einfach die Laute dieses Tieres. Nein, das Wesen kann wirklich in vollständigen Sätzen sprechen.
»Äh, hallo!«, sage ich irritiert.
»Hast du etwas zu fressen dabei?«
Mir verschlägt es beinahe die Sprache. Ich stottere: »Möchtest du vielleicht einen Apfel essen?«
Das Tier wird wütend: »Ih, willst du mich vergiften? Äpfel sind mir zu süß. Ich mag Deftiges. Mein Lieblingsgericht sind Feuerbohnen. Damit wäre ich sehr zufrieden.«

➡ Tom hat einen Beutel Feuerbohnen dabei: 175

➡ Tom hat keinen Beutel Feuerbohnen dabei: 146

112 – CXII

Ich öffne das Vorhängeschloss an der Eingangsluke, steige ein und verstaue den Rucksack wieder hinter dem Sitz. Auf dem Zeitdisplay gebe ich die Zielkoordinaten ein. Die hat das Gerät beim Start gespeichert, als ich hierher in das Mittelalter gereist bin. Wenn ich dann in der Zukunft lande, wird nicht mal eine Sekunde vergangen sein. Niemand wird mich vermisst haben. Also, worauf wartest du noch, lass uns zeitreisen! Wenn du auch bereit bist, drücke jetzt den roten Startknopf!

Ende

113 – CXIII

Langsam öffne ich die schwere Holztür der Schänke. Drinnen ist es laut und unangenehm. Ich betrachte die vielen Tische, die heute wahrscheinlich wegen des Markttags beinahe alle besetzt sind. Laute und grobschlächtige Typen kippen Bier für Bier in sich hinein. So viel und so schnell, dass sie ihre Bierkrüge gar nicht erst abstellen. Weiter hinten in einer Ecke des Raumes sitzen zwei keifende Frauen, die sich lauthals derbe Schimpfwörter an den Kopf schmeißen. Leider habe ich keine Zeit, mir einige davon aufzuschreiben. Es sind wahre Leckerbissen dabei. Wenn ich ehrlich bin, ist das nicht gerade die Gesellschaft, mit der ich mich sonst umgebe. Aber das zählt jetzt nicht. Ich muss die Pergamentteile finden. Obwohl mir bei dem Gedanken übel wird, dass ich schlimmstenfalls bis zum Ende meiner Tage hier im Mittelalter versauern könnte. Um nicht aufzufallen, sollte ich mir schnell einen Platz suchen oder schnellstens verschwinden. Doch die Entscheidung wird mir schnell abgenommen. Es ist kein Platz frei und immer mehr Leute sehen mich misstrauisch an.

| Tom verlässt die Schänke und geht zum Wegweiser zurück: 214

114 – CXIV

Nach ein paar Metern im Dickicht der Bäume bin ich wieder in diesem Labyrinth gelandet. Hier teilt sich der Pfad in drei Richtungen. Hier gibt es keinen Hinweis darauf, in welcher Richtung es weitergeht.

➡ Tom geht nach links: 222

➡ Tom geht geradeaus: 195

➡ Tom geht nach rechts: 44

115 – CXV

Die Tür ist verschlossen. Ich klopfe an, doch niemand öffnet mir.

| Tom versucht in ein anderes Zimmer zu gelangen: 159

116 – CXVI

Hoppla, wo bin ich hier gelandet? Hier teilt sich der Pfad in drei Richtungen.

➡ Tom geht nach links: 222

➡ Tom geht geradeaus: 21

➡ Tom geht nach rechts: 160

117 – CXVII

Falsche Richtung! Ich hasse Labyrinthe.

| Tom geht zurück: 245

118 – CXVIII

Langsam nähere ich mich einer hölzernen Treppe, die auf der gegenüberliegenden Seite des Raumes den oberen Wohnraum mit dieser Werkstatt verbindet. Schritt für Schritt steige ich die knarrenden Stufen hinauf. Oben angekommen, gelange ich in das Esszimmer des Handwerkers. Mann, ist hier eine Unordnung! Es sieht ja fast so aus, als hätte hier jemand etwas gesucht. Die Schubladen sind herausgerissen und ihr Inhalt auf dem Boden verstreut. Überall liegen Lederstücke herum, die bereits für Schuhe zurechtgeschnitten wurden. Der Teller mit Essensresten auf dem Tisch, zwei umgestoßene Stühle und ein Becher auf dem Boden deuten darauf hin, dass hier jemand

überrascht wurde. Langsam beschleicht mich das Gefühl, hier ist etwas Schreckliches passiert. Ich sollte schleunigst verschwinden, denn ich weiß nicht, was schlimmer wäre, verdächtigt zu werden dieses Unheil angerichtet zu haben oder ebenfalls von den Tätern überrascht zu werden. Als ich mich umdrehe, um zur Treppe zurückzugehen, fällt mein Blick auf eine glänzende Silberscheibe. Sie liegt in der Ecke neben Arbeitstisch und Schuhregal und hat die Größe eines Fünfmarkstücks. Ich hebe das runde Metall auf. Auf der Oberfläche sind Symbole eingraviert. Es ist ein Amulett.

➡ Tom sieht sich weiter um: 92
➡ Tom verlässt den Raum wieder: 201

119 – CXIX

Ich hoffe nur, dass ich die richtige Richtung eingeschlagen habe. Der Wald macht keinen besonders freundlichen Eindruck. Er wirkt beängstigend still. Ich habe das Gefühl, als würden mich tausende gieriger Augen beobachten, um im nächsten Moment über mich herzufallen. Aber vielleicht bilde ich mir meine Angst nur ein. Ja, klar. Ist alles nur Einbildung. Am besten, ich lege noch einen Zahn zu. Doch je weiter ich gehe, desto dichter stehen die Bäume beieinander. Ob das hier wirklich die richtige Richtung ist?

➡ Tom kehrt wieder um: 18
➡ Tom geht weiter: 22

120 – CXX

Ich sollte vorsichtiger sein. Um nicht gleich von den Kindern entdeckt zu werden, versuche ich etwas weiter in das dicht bewachsene Dickicht zu gelangen. In gebückter Haltung beobachte ich, soweit es mir möglich ist, jeden Winkel meines Umkreises. Doch ich fühle es. Irgendetwas stimmt hier nicht. Mit jedem meiner vorsichtigen Schritte ertönt neues Gebrabbel. Das kann doch nicht wahr sein. Ich mache einen Schritt . . . und es ertönt Geplapper. Ein weiterer Schritt . . . wieder Geplapper. Ich glaub, ich spinne. Plötzlich meckert mich jemand mit einer tiefen durchdringenden Stimme an. Ich schrecke hoch und stoße gegen einen dicken Ast über mir, den ich vorher nicht gesehen habe. »Autsch, Scheibenkleister.«
Während ich meine schmerzende Stelle am Kopf reibe, höre ich ein tiefes schadenfreudiges Lachen: »Ha, das geschieht dir recht. Vielleicht kann der Herr sich nun vorstellen, wie das ist, wenn einem ständig auf dem Kopf herumgetrampelt wird. Lass uns bitte nicht demonstrieren, wie es ist, wenn man dabei auch noch umgeknickt wird!«
»Wer spricht da?«
Ich sehe nach links, nach rechts . . . niemand da. Ich sehe nach oben. In den Ästen steckt auch niemand. Vielleicht sind es Zwerge. Hastig wühle ich im Laub. Auch nichts. Langsam zweifele ich an meinem Verstand. Oder sollte etwa mein Spracheübersetzer defekt sein. Ja genau, das ist es ... er ist kaputt! Ich werde es schleunigst überprüfen. Während ich das kleine elektronische Wunderwerk aus dem Ohr zupfe, sage ich: »Hallo, eins, zwei, drei.«
In diesem Moment ist die geheimnisvolle Stimme wieder da: »Jetzt säg mir einer einen Ast. Der junge Mann kann zählen und sogar bis drei!«
Schallendes Gelächter vieler Stimmen hallt durch den Wald. Sie scheinen sich köstlich über diesen doofen Witz zu amüsieren. Ich finde das gar nicht komisch. Mit einem kurzen Handgriff drücke

ich den Spracheübersetzer wieder zurück in mein Ohr und versuche meine Wut zu verbergen: »Jetzt kommt schon raus und zeigt euch endlich!« Nichts tut sich. »Oder seid ihr zu feige?«

Wieder brechen diese Witzbolde in schallendes Gelächter aus, unterbrechen dann abrupt und plötzlich ist nur noch ein wildes Tuscheln zu hören. Dann ist plötzlich alles still.

Wie versteinert stehe ich da. Wer macht nur solche Scherze. Übrigens Scherz, mir fällt auf, dass es nicht meine Verfolger sein können. Diese Chance, mich gefangen zu nehmen, hätten sie sich sicher nicht entgehen lassen. Eine seltsam gespannte Stille herrscht um mich herum. Ich traue dem Frieden nicht. Noch nicht einmal meinen Kopf mag ich bewegen. Aufgeregt springen meine Augen hin und her.

»Buh!«

Erschrocken drehe ich mich um. Nichts zu sehen.

»Buh!«

Diesmal kam es von der anderen Seite.

»Buh . . . buh . . . buh!«

Und nun auf einmal von allen Seiten.

Mir reicht es. Ich lasse mich hier nicht auf den Arm nehmen. Wenn die Typen, die sich hier verstecken, nichts anderes im Sinn haben als mich durch den Kakao zu ziehen, dann kann ich ebenso gut weitergehen. Wütend greife ich meinen Rucksack, schnalle ihn um und gehe los.

»Hey, warum läufst du weg?«, fragt eine traurige helle Stimme.

Eine ältere weibliche Stimme ruft besorgt dazwischen: »Das habt ihr nun davon. Ich habe es ja gleich gesagt, treibt es nicht zu toll, dann verpflanzt er sich.«

»Oh, jetzt geht er fort!«, meldet sich eine piepsige Kinderstimme.

Die können mich mal, mein Entschluss steht fest, ich gehe. Das hätten sie sich früher überlegen sollen. Aus und vorbei. »Hey, warte! Sieh doch, wir zeigen uns! Wir wollten nur ein wenig Spaß mit dir haben. Wo hier doch so selten Menschen vorbeiziehen.«

Doch ich bin genervt und sage wütend: »Es ist zu spät. Sucht euch einen anderen Trottel, aber nicht mich!«

Was soll ich denn jetzt machen?

➡ Tom bleibt stehen: 90

➡ Tom ist es egal und er geht weiter: 81

121 – CXXI

Puh, noch die paar Meter, dann habe ich es geschafft. Da vorne ist der Wald zu Ende. Ich spüre, wie mein Blut mit hundertachtzig Sachen durch die Adern schießt. Außerdem habe ich höllische Seitenstiche.

| Tom verliert an Stärke.

| »–10«

| Tom überlegt sich, ob und mit wie vielen Äpfeln er sich stärken soll. Er wählt zwischen einem, zwei oder drei Äpfeln:

➡ Tom isst einen Apfel.

| »Apfel, –1«

| »+10«

➡ Tom isst zwei Äpfel.

| »Apfel, –2«

| »+20«

➡ Tom isst drei Äpfel.

| »Apfel, –3«

| »+30«

| Tom geht weiter zur Stadt: 102

122 – CXXII

Im Schutz der rufenden Menge beugt sich der Glücksspieler zu mir herüber und flüstert: »Beachte, dein Einsatz ist hoch, der Preis dagegen nur ein Atemhauch!«
Dann setzt er sich wieder in die Hocke und sagt: »Bedenke, für jede Mark hast du sechs Würfe! Würfelst du einmal die Sechs, gehst du siegreich aus. Gelingt es dir nicht, verlierst du. Jedoch darfst du jederzeit ein neues Spiel wagen.«
Na ja, eine Mark für einen Hauch Atemluft dürfte kein Problem sein. Ich werde einfach sechsmal würfeln und dann schleunigst verschwinden. Der Glücksspieler reicht mir mit seiner rechten Hand einen Würfel. Aber, halt. Ich sollte schlauer sein als die anderen. Schließlich kenne ich seinen Trick. Mit einem Finger zeige ich auf seine andere Hand und sage: »Ihren Würfel möchte ich haben, sonst keinen. Oder ich spiele nicht mit.«
Mein Gegenüber sieht mir böse in die Augen. Bei diesem Anblick wird mir ganz anders. Doch plötzlich lächelt er ein breites Lächeln, hebt langsam die Hand mit seinem eigenen Würfel und zu meinem Erstaunen reicht er ihn mir herüber. Dabei sagt er finster: »Nun, wie du willst.«
Dann ruft er laut lachend in die Menge: »Wenn der Sohn eines gewöhnlichen Bauern meint, damit seine Gewinnchance zu er-

höhen – bitte!« Wütend über diesen eingebildeten Kerl, werfe ich die Mark auf die Kiste und nehme seinen Würfel an mich.

❙ Tom bezahlt seinen Einsatz und würfelt sechsmal.

❙ »Lederner Geldbeutel, –1«

➡ Tom hat mindestens einmal die Sechs gewürfelt. Er hat gewonnen: 185

➡ Tom hat keine Sechs gewürfelt. Er hat verloren: 40

123 – CXXIII

Hoppla, wo bin ich hier gelandet? Hier teilt sich der Pfad wieder in drei Richtungen.

➡ Tom geht nach links: 61

➡ Tom geht geradeaus: 116

➡ Tom geht nach rechts: 16

124 – CXXIV

Ich öffne die schwere, mit Eisen beschlagene Holztür zur Werkstatt des Schmieds. Der Raum ist zum Hof hin offen.

»Guten Tag!«

Der Schmied nimmt keine Notiz von mir. Mit lauten Schlägen prallt sein Hammer gegen ein rot glühendes Stück Eisen. Sein nackter schwitzender Oberkörper ist schwarz von Ruß. Während er das gerade in Form gebrachte metallene Stück in einem hölzernen Wassereimer zischend kühlt, wischt er sich mit dem Handrücken der jetzt freien Hand den Schweiß von der Stirn. In diesem

Augenblick erst sieht er mich. Er legt das noch heiße Metallteil auf einen Rost neben dem Feuer, betrachtet mich etwas seltsam und begrüßt mich: »Hallo, junger Mann, kann ich dir helfen?«
Ich zögere. Einer Eingebung folgend, sage ich: »Ja, zeigen Sie mir doch bitte, was Sie an Schwertern anzubieten haben.«
Er sieht mich fragend an: »Das ist ein ungewöhnlicher Wunsch. Normalerweise kommen nur Ritter und vergeben mir Aufträge für ihre Rüstungen, verlangen Schwerter, die ich nach ihren Wünschen schmiede, oder sie wollen einfach nur die Hufe ihrer Pferde neu beschlagen lassen. Aber bisher hat mich noch niemand nach meinem Angebot gefragt. Und schon gar nicht ein einfacher Bauernjunge, wie du einer bist. Das ist neu!« Er schüttelt den Kopf und fügt dann hinzu: »Du bist nicht aus dieser Stadt, oder? Die Kleidung, die du trägst, ist mir fremd.«
»Ich komme von weit her und habe unterwegs mein einziges Schwert verloren. Deshalb möchte ich mich vor Dieben schützen und bei Ihnen ein neues Schwert kaufen. Aber es muss handlich sein, ein Schwert, das in meinen Rucksack passt.«
Das leuchtete offenbar auch ihm ein. »Wollen mal sehen, was für dich in Frage kommt«, murmelt er und schaut sich suchend in seiner Werkstatt um. Sein Blick bleibt auf einem unscheinbaren Stück Metall haften. Er greift danach, hält es hoch und betrachtet es wie einen kostbaren Edelstein. »Ich glaube, ich habe da etwas für dich!«
»Aber das ist doch nur ein gewöhnliches kleines Messer. Ich glaube kaum, dass ich mich im Notfall ernsthaft damit verteidigen könnte.«
Der Schmied sieht mich prüfend an. Dann blickt er auf das Messer und sagt: »Dieses kostbare Messer ist eine Sonderanfertigung. Jedoch hat der Kunde es nie abgeholt. Es ist ein Meisterstück der Schmiedekunst, besser gesagt mein Meisterstück.« Er lächelt verschwörerisch. »Bisher hat kein Mensch wieder nach einem Messer dieser Art verlangt. Leider. Ich könnte es dir verkaufen.«

➡ Tom lässt sich auf eine Preisverhandlung ein: 173

➡ Tom lehnt ab: 104

125 – CXXV

Mann, bin ich vielleicht sauer. Mir reicht es. Soll er doch sein blödes Rezept aufessen. Ich kann es nicht gebrauchen. Geld wäre mir wirklich lieber gewesen. Eigentlich hat er nicht von Geld gesprochen. Na ja, dann bin ich eben selbst schuld daran. Ich bin genauso auf ihn hereingefallen wie die anderen. Wütend bahne ich mir mit meinen spitzen Ellenbogen einen Weg durch die Menge und handele mir damit böse Blicke ein. Doch das ist mir egal.

Tom geht zum Wegweiser: 167

126 – CXXVI

Die Gasse macht eine leichte Linksbiegung. Eine junge Bäuerin kommt mir entgegen. Auf dem Rücken trägt sie einen Korb, der bis zum Rand mit Äpfeln gefüllt ist. Sie spricht mich an: »Guten Tag, junger Mann, wärst du so gütig und würdest mir meine schwere Last erleichtern, indem du für dein Wohl sorgst und mir Äpfel abkaufst?«

Tom überlegt sich, wie viele Äpfel er kaufen soll. Er wählt zwischen einem, zwei oder drei Äpfeln:

➡ Tom kauft einen Apfel.

»Apfel, +1«

»Lederner Geldbeutel, –1«

Tom kauft zwei Äpfel.

»Apfel, +2«

»Lederner Geldbeutel, –2«

Tom kauft drei Äpfel.

»Apfel, +3«

»Lederner Geldbeutel, –3«

Da vorne sehe ich eine Menge Menschen. Dort ist wahrscheinlich der Marktplatz. Ich gehe einen Schritt schneller.

➡ Tom war noch nicht auf dem Marktplatz: 206

➡ Tom war bereits auf dem Marktplatz und geht direkt zum Wegweiser: 167

127 – CXXVII

Ich schalte meine Taschenlampe ein und leuchte den Raum ab. Unter einem Stapel Brennholz funkelt mir etwas Glitzerndes entgegen. Ich räume den Stapel zur Seite und entdecke eine kleine Holzkiste. Sie enthält neben allerlei Kram einen ledernen Geldbeutel mit 24 Mark und einen Beutel, auf dem in mittelalterlicher Schrift »Feuerbohnen« geschrieben steht . Langsam dämmert es mir. Dies scheint Diebesgut zu sein. Ich bin mitten in einem Diebeslager gelandet! Feuerbohnen? Was es damit wohl auf sich hat? Ob ich die Sachen einfach klauen kann? Na klar, schließlich waren die Diebe nicht gerade freundlich zu mir. Sagen wir, dass es eine Art Schmerzensgeld dafür ist.

Tom nimmt die 24 Mark aus dem Ledersäckchen und steckt sie in seinen ledernen Geldbeutel.

»Lederner Geldbeutel, +24«

Tom nimmt den Beutel mit den Feuerbohnen.

»Beutel Feuerbohnen, +1«

In diesem Augenblick zucke ich zusammen. Ich höre Stimmen. Die Diebe scheinen zurückzukehren. Ich schließe die Kiste und stapele in Windeseile das Brennholz wieder aufeinander. So stellen sie nicht allzu schnell fest, dass sie selbst beraubt wurden. Schnell schnappe ich mir noch drei Äpfel aus einem Korb, schalte die Taschenlampe aus und verstaue alles mitsamt dem kleinen Messer in meinem Rucksack.

Tom klaut drei Äpfel.

»Apfel, +3«

Mit dem Rucksack auf dem Rücken schleiche ich mich vorsichtig aus der Hütte.

Tom verlässt die Hütte: 98

128 – CXXVIII

Der Inhalt des kühlen Bechers duftet lecker nach Fruchtsaft. Die Frau, die mir freundlicherweise diese Erfrischung gereicht hat, beobachtet jede meiner Bewegungen. Ehrlich gesagt weiß ich nicht recht, ob ich trinken soll. Meine Eltern haben mir lange genug geraten nichts von fremden Leuten anzunehmen. Egal, wie freundlich sie sind. Und diese Frau ist alles andere als vertrauenswürdig. Allerdings bin ich froh, dass ich außer dem Wasser in meiner Feldflasche auch mal etwas mit Geschmack zu mir nehmen kann. Und was ist, wenn sie da etwas reingemischt hat? Quatsch, sie will mich loswerden, das ist alles. Hätte sie sonst gesagt, dass ich nach dem Trinken verschwinden soll? Also lasse ich es mir schmecken. Ohne den Becher abzusetzen, trinke ich ihn in einem Zug leer. Hm, lecker. Das war köstlich. Ich strecke ihr das leere Gefäß entgegen. Sie bleibt regungslos am Türrahmen gelehnt und starrt mich an. Ich werde rot, weil ich nicht weiß, wo ich hingucken soll. Also lasse ich mich kein zweites Mal bitten und mache Anstalten, wieder zu gehen. Doch plötzlich spüre ich, wie meine Beine bleischwer werden. Ich schaffe es kaum, aufzustehen. In meinem Kopf dreht sich alles. Was geht hier vor? Da sehe ich neben der Frau meine Eltern stehen, die den leeren Becher in der Hand halten, mich strafend ansehen und ihre Köpfe schütteln. Das kann nicht wahr sein. Ich habe Halluzinationen. Mit letzter Macht versuche ich mich aufzurichten. Doch eine unbekannte Macht zieht mich wieder nach unten. Vergeblich versuche ich nach Hilfe zu rufen, doch auch das gelingt mir nicht. Sie muss mir ein Schlafmittel in den Saft gemischt haben. Mir ist schwindelig. Alles, was jetzt passiert, läuft ab wie in einem Film, der aus vielen kleinen Schnipseln zusammengeflickt wurde. Ich spüre, wie die zwei anderen Frauen mich festhalten, um zu verhindern, dass ich umfalle. Das Letzte, was ich dann noch mitbekomme, ist, dass sie mich in eine Art übergroßen schaukelnden

Vogelkäfig sperren. Er ist so groß, dass bequem zwei Leute meines Alters hineinpassen würden.

Tom schläft ein: 7

129 – CXXIX

Hoppla, wo bin ich hier gelandet? Hier teilt sich der Pfad wieder in drei Richtungen.

➡ Tom geht nach links: 219

➡ Tom geht geradeaus: 245

➡ Tom geht nach rechts: 63

130 – CXXX

Während der Gläubige in seiner dunkelbraunen Kutte am Stand eines Kräutersammlers steht und sich am Duft einer Katzenminze betört, spreche ich ihn an: »Hallo, äh . . . guten Tag!«

Der Mönch dreht sich zu mir um und lächelt mich freundlich an. Er hat ein lustiges Mondgesicht, das ihn verrät: Essen und Trinken scheinen seine Leidenschaften zu sein. Seine Glatze, die von einem Kranz aus Haaren umzingelt ist, sieht aus wie ein Vogelnest. Ich muss mich höllisch zusammenreißen, dass ich nicht laut lache. Allein die Vorstellung, darin würden Jungvögel nach Futter piepsen, bringt mich völlig aus der Fassung. Wahrscheinlich gucke auch ich jetzt äußerst freundlich. Allerdings aus einem ganz anderen Grund.

Der Mönch fasst meine Schulter und fragt: »Nun, mein Sohn, was kann ich für dich tun?«

»Ich suche D'Elmas den Magier, können Sie mir sagen, wo ich ihn finde?«

Ich bilde mir ein, dass der Mann bei dem Namen D'Elmas für einen kurzen Augenblick zusammengezuckt ist. Dann lächelt er umso breiter und antwortet: »D'Elmas, aber natürlich. Wir alle kennen ihn. Er ist der Hofmagier unseres geliebten Burgherren. Nur leider wird er dir mit seiner Magie nicht allzu sehr helfen können.«
Da D'Elmas mir geraten hat vorsichtig zu sein, lasse ich mir nicht anmerken, dass ich das bereits weiß: »Aber warum nicht? Man sagte mir, er habe Zauberkräfte, die über das übliche Maß hinausgehen. Ohne ihn sind die Bauern in unserem Dorf verloren. Es nimmt kein Ende mit den Missernten. Nur er kann uns helfen.«
Der Geistliche macht ein mitleidiges Gesicht und sagt:
»Oh, das ist wahrlich ein guter Grund, D'Elmas aufzusuchen.« Dann kratzt er sein Kinn und überlegt einen Augenblick. »Folge mir, ich bringe dich zu ihm!«

➡ Tom folgt dem Mönch: 134

➡ Tom traut dem Mönch nicht und will allein nach dem Magier suchen: 2

131 – CXXXI

Eines der Pergamentteile beginnt zu rauchen. Für den Bruchteil einer Sekunde meinte ich, ein Funken des Feuers wäre auf einem der Teile gelandet, als der Magier plötzlich ruft: »Nein!«
Und während noch sein verzweifelter Ruf nachhallt, lösen sich die Pergamentteile in Luft auf. Ich stehe wie versteinert da, unfähig mich zu bewegen. Es war die falsche Reihenfolge.

Tom hat die Pergamentteile in der falschen Reihenfolge angeordnet: 140

132 – CXXXIII

Tom wird den Rest seines Lebens im schmutzigen Kerker verbringen müssen. Damit ist sein trauriges Schicksal besiegelt und das Abenteuer an dieser Stelle leider schon zu Ende.

Hey, was ist denn nun los? Spinn ich oder ist hier wirklich schon Schluss? Ich hab doch noch nicht alle Pergamentteile gefunden. Tatsächlich, hier ist das Ende. So ein Mist, dabei war ich gerade so gut in Form. Aber was soll's. Für mich ist das kein Problem. Ich werde die Schnipsel mit dem Zauberspruch schon noch finden. Am besten, ich leg gleich noch mal los. Du wirst mir doch bestimmt wieder helfen, oder? Also, wir treffen uns dann in Opas Erfinderkammer auf Seite 16.

133 – CXXXIII

Hier ist der Pfad auch wieder zu Ende.

Tom geht zurück: 25

134 – CXXXIV

Der Mönch begleitet mich zum Hauptturm der Burg. Als wir den Turm betreten, nimmt der Wachtposten kaum Notiz von uns. Ich gehe voraus, der Mönch folgt mir und gibt Anweisungen, in welche Richtung ich gehen muss. Auch in den Gängen sind viele Leute. Der Unterschied zu den Menschen im Hof ist, dass sie hier edlere Kleidung tragen. Es sind samtene Stoffe und ihre Farben leuchten im Kerzenschein in angenehmen warmen Farben. Männer mit Schriftrollen oder Frauen mit silbernen Tabletts kommen uns entgegen. Ab und zu begegnen wir auch Bediensteten, die benutztes Geschirr oder schmutzige Wäsche bei sich tragen, oder Handwerkern, die

Reparaturen innerhalb des Gebäudes ausführen. Je weiter wir durch das Labyrinth der Gänge streifen, desto ruhiger wird es.
»Jetzt da links, die steinerne Wendeltreppe hinunter!«, befiehlt der Mönch mit dem Vogelnest auf dem Kopf. Zunächst denke ich mir nichts dabei, dass sie so einen angesehenen Mann wie den Magier im Keller untergebracht haben. Eigentlich ist er doch ein vornehmer Magier und kein Zauberer, der Suppen aus Schlangengift, Spinnenbein und Rattenzungen braut.
»Halt ein, mein Freund! Wir sind da.« Wir bleiben vor einer Tür stehen, die ein wenig kleiner ist als die anderen in den oberen Gängen. Ich wundere mich, dass sie hier unten an Kerzen gespart haben. Der Mönch greift in seine Kutte und holt einen langen Schlüssel hervor.
»Wieso haben Sie den Magier eingesperrt?«, frage ich irritiert, als der Mönch mich plötzlich fest am Arm packt und antwortet: »Den Magier haben wir nicht eingesperrt, aber dich!«
He, spinnt der? Ich hätt es mir gleich denken können, dass hier etwas faul ist.

> Tom will sich nicht gefangen nehmen lassen. Er kämpft mit dem Mönch: 208

135 – CXXXV

Hier komme ich nicht weiter.

> Tom geht zurück: 35

136 – CXXXVI

Die Stimmen nähern sich. Wenn ich mich jetzt nicht zusammenreiße, werde ich bestimmt nie wieder die Gelegenheit haben, mich aus dieser Gefangenschaft zu befreien. Schließlich sind die Fremden in der

Überzahl und können mir helfen meinen Begleiter in die Flucht zu schlagen. Ich muss es riskieren. Also springe ich hoch und rufe so laut ich kann: »Hierher, kommen Sie hierher! Helfen Sie mir!«

»Bist du verrückt!«

Mit einem kräftigen Ruck reißt er mich zu Boden und hält mir mit einer Hand den Mund zu. Wie wild schlage ich um mich. Doch der Dieb ist stärker. Mit einem Ruck zieht er mir die Augenbinde vom Kopf und flüstert: »Sieh genau da hin! Los, mach schon. Was siehst du?« Oje, mir wird schlecht. Vor uns im Dickicht der Bäume schleichen kleinkindgroße Gestalten. Sie sind mit langen zugespitzten Ästen bewaffnet. Ihre Gesichter sind noch faltiger als das Gesicht des Magiers, der mich hier bei meiner Ankunft bereits erwartet hat. Die Ohren dieser merkwürdigen Wesen laufen nach oben hin spitz zu und durch ihr grinsendes Gesicht sind ganz deutlich ihre dolchartigen Zähne zu erkennen. Ihre Nasen zucken, als hätten sie Witterung von Beute aufgenommen. »Was hast du nur angerichtet?«

Das frage ich mich übrigens auch gerade.

»Aber, was ist das, ich meine . . . wer sind *die?*«

Der Dieb stutzt, dann sagt er: »Trolle!«

Während wir in der Hocke sitzend hoffen, dass die Trolle uns nicht entdecken, höre ich ein leises rhythmisches Zischen hinter mir. Vorsichtig drehe ich mich um. Hinter mir steht einer der grün-braun behaarten Kerle und beschnuppert mich. Die Spitze seiner Jagdwaffe ist direkt auf mich gerichtet. Kichernd verdeckt er mit einer Hand seinen sabbernden Mund. Er glotzt mich an, als überlege er, welche Soße besser zu mir passen würde. Jetzt, wo ich die gelbbraunen Zähne dieses ekelhaften Kerls sehe, fällt mir nichts anderes ein als regelmäßiger zum Zahnarzt zu gehen.

Während ich bei diesem Anblick wie gelähmt dahocke, springt der Dieb hoch und zieht blitzartig sein Schwert. Mit einem sicheren Schnitt trennt er das Seil, mit dem er meine Hände verbunden hat, und brüllt: »Wenn du eine Waffe dabeihast, kämpfe! Nicht

für mich, aber für dich.« Während der Dieb mit den Trollen beschäftigt ist, nutze ich die Gelegenheit zur Flucht. Ich reiße mir das Tuch vom Kopf, schnappe mir meinen Rucksack und laufe los. Doch bereits nach wenigen Metern durch dieses schwer zu durchdringende Unterholz haben mich die flinken Bestien eingeholt. Ich habe keine Chance, ich muss gegen sie kämpfen, laufen nützt leider nichts. Die Trolle sind weitaus schneller als ich.

➡ Tom hat einen Teleskopdolch dabei und kämpft: 165

➡ Tom spricht einen Steinwandler-Zauberspruch: 183

➡ Tom hat eine Trollpfeife dabei und pfeift: 138

137 – CXXVII

Während des Laufens drehe ich mich einmal kurz um und sehe, dass sie mir nicht mehr folgen. Ich traue dem Frieden nicht und laufe trotzdem noch ein Stück weiter, bis mir endgültig meine Puste ausgeht. Erschöpft und verschwitzt von diesem Marathonlauf, bei dem ich wirklich um mein Leben gerannt bin, bleibe ich stehen und drücke die Hand an meine Hüfte, an der es unangenehm schmerzt. Erst jetzt sehe ich mich aufmerksam um. Auf dem Waldweg ist nichts mehr von den widerlichen Kerlen zu sehen. Auch zwischen den Bäumen entdecke ich nichts. Auf jeden Fall scheine ich ihnen entkommen zu sein. Ich sollte schleunigst von hier verschwinden. Noch so eine Strapaze würde ich garantiert nicht überstehen. Ah, da vorne ist ja auch schon der Wegweiser.

| Tom verliert an Stärke.

| »–5«

| Tom läuft weiter zum Wegweiser: 110

NYC

138 – CXXXVIII

Ich hole tief Luft und blase kräftig in die Trollpfeife hinein. Zu meinem Erstaunen erklingt bloß ein kaum hörbarer Ton. Der soll die Trolle vertreiben? Zweifelnd starre ich noch auf meine Pfeife, als die Trolle einer nach dem anderen mit schmerzverzerrten Fratzen ihre Jagdspeere fallen lassen, sich die Ohren zuhalten und kreischend davonlaufen. Cool, die Pfeife sollte ich sorgfältig aufbewahren. Wer weiß, wie oft sie mir noch aus der Patsche helfen muss. Jetzt aber schnell weg hier. Eigentlich mag ich Waldtiere ja ganz gerne, nur gegen Trolle habe ich ab heute eine starke Abneigung. Mir wird noch ganz übel bei der Vorstellung, was sie alles mit mir angestellt hätten. Ich sollte schleunigst diesen unberechenbaren Wald verlassen. Ah, da vorne ist wieder der Trampelpfad. In welche Richtung soll ich gehen?

➡ Tom geht nach links: 47

➡ Tom geht nach rechts: 22

139 – CXXXIX

Ein Sieg scheint aussichtslos. Langsam gehen meine Kräfte zur Neige. Ich kann kaum noch meinen Teleskopdolch halten. Mir wird schwindelig.

Tom verliert an Stärke und Gesundheit.

»–25«

»–50«

➡ Tom hat keine Gesundheitspunkte mehr: 213

➡ Tom hat noch Gesundheitspunkte und bleibt halb ohnmächtig im Gras liegen: 87

140 – CXL

Der Hofschmied lässt seinen Hammer auf den Boden fallen, schüttelt den Kopf und schlägt dann die Hände vor sein Gesicht. D'Elmas sieht stumm zu Boden. Er sieht nun richtig alt und müde aus. Ich sehe ihm an, dass er enttäuscht ist. Tränen schießen mir in die Augen. Ich könnte vor Scham in den Boden versinken. Ich zermartere mir meinen Kopf, aber mir fällt nichts ein, was ich sagen könnte. In meinem Kopf kreist nur der eine Gedanke: Ich habe versagt.

Der Magier greift mich am Arm und sagt leise: »Komm, ich bringe dich jetzt zu deiner Zeitmaschine!«

Stumm folge ich ihm. Ohne auch nur ein Wort zu wechseln, gehen wir über den immer noch belebten mittleren Burghof durch ein weiteres Tor zum hinteren Burghof. Die Menschen schweigen und schauen mich ernst an. Warum spricht D'Elmas nicht mit mir, sagt irgendetwas, das mir das Gefühl gibt, nicht alles verspielt zu haben. Dass sich nichts zwischen uns geändert hat. Doch ich merke, dass jetzt vieles anders ist und sein wird. Gerade für ihn und die Menschen hier. Und ich bin schuld.

Vor einer Scheune macht D'Elmas Halt. Wir gehen hinein. Mitten im Heu steht sie, meine geliebte Zeitmaschine. Dieser Anblick lindert ein wenig meinen Schmerz, denn ich freue mich schon riesig wieder nach Hause zu kommen, obwohl ein bitterer Nachgeschmack bleiben wird.

Der Magier gibt mir die Hand und sagt: »Es ist nicht deine Schuld. Ich bin sicher, dass du alles in deiner Macht Stehende getan hast, um uns zu helfen. Wir sind dir trotzdem sehr dankbar.« Ich mag D'Elmas nicht in die Augen sehen.

»Auf Wiedersehen!«, flüstere ich.

»Auf Wiedersehen, pass auf dich auf!«

Wer weiß, vielleicht komme ich zurück und versuche es noch einmal.

Tom fliegt wieder nach Hause: 112

141 – CXLI

Hoppla, wo bin ich hier gelandet? Hier endet plötzlich der Pfad.

| Tom geht zurück: 61

142 – CXLII

Ich kralle mich fest an meinen Rucksack, drehe mich abrupt um und laufe so schnell ich kann los. Wenn der Weg nicht so schlammig wäre, könnte ich ihnen mit Leichtigkeit entkommen, aber so? Ich strapaziere meine Kräfte bis zum Äußersten. Meine Muskeln schmerzen und die schwüle Luft brennt in meiner Lunge. Seitenstiche machen es mir kaum möglich, meine Geschwindigkeit zu steigern. Sie dürfen mich auf keinen Fall einholen. Ich weiß zwar nicht, was sie mit mir vorhaben, aber wer jemals ihren Furcht erregenden Blick gesehen hat, ahnt instinktiv das Schlimmste!

➡ Wenn Tom mehr als 60 Stärkepunkte hat, ist er schneller und hat noch Kraft genug, den Trollen zu entkommen: 137

➡ Wenn Tom 60 Stärkepunkte oder weniger hat, ist er zu schwach, um den Trollen zu entkommen: 46

143 – CXLIII

Ich werde mich erst einmal in den Gassen umsehen und verlasse den Marktplatz. Anders, als ich es erwartet habe, sind sie eng und stickig. Sie wirken wie kleine Tunnel, denn die Fachwerkhäuser werden nach oben hin mit jedem Stockwerk breiter. Manchmal scheinen sie oben fast zusammenzustoßen. Es ist schwül-warm und es stinkt hier erbärmlich, fast so wie das hölzerne Klohäuschen in Tante Jeskas Garten. Wenn ich mir nicht schnell eine Hand vor die Nase halte, bekomme ich Hautausschlag. Während ich

noch mit meiner Übelkeit kämpfe, kommt mir ein merkwürdiger alter Händler mit einem Bauchladen entgegen, stellt sich mir in den Weg und spricht mich mit knarzender Stimme an: »Möchtest du leckere Feuerbohnen kaufen? Sie sind von bester Qualität und aus eigenem Anbau. Ich mache dir auch einen guten Preis.«
He, was soll ich denn mit Feuerbohnen? Ich glaube nicht, dass man die essen kann, oder? Ich sage: »Äh, es tut mir Leid, aber ich mag keine Feuerbohnen!«
»Nun, du nicht, aber vielleicht jemand anders?«

➡ Tom bleibt stehen und überlegt, ob er die Feuerbohnen kaufen soll: 172

➡ Tom lässt den Händler einfach stehen und geht zurück: 247

144 – CXLIV

Langsam überlege ich, ob es richtig war, mich zu zeigen. Denn die Kinder haben plötzlich aufgehört zu spielen und stehen neugierig da. Auch die beiden Frauen mit den schweren Wassereimern starren, ohne ihren Schritt zu verlangsamen, in meine Richtung. Eine ältere Frau, die sich über einen Trog beugt und schmutziges Geschirr abwäscht, trocknet ihre Hände an einem Tuch, das sie um ihre Hüfte gebunden hat. Sie steht auf, um mich zu empfangen. Ihr Blick sagt, dass sie über meinen Besuch nicht unbedingt erfreut ist. Sie sieht eher überrascht aus. Jetzt, wo sie direkt vor mir steht, trocknet sie immer noch ihre Hände ab. Wahrscheinlich ist sie genauso aufgeregt wie ich. Am besten, ich bin ganz freundlich zu ihr. Wer weiß, wo ich hier gelandet bin.
»Hallo, ich heiße Tom. Ich glaube, ich habe mich verlaufen.«
Für einen Augenblick stehen wir wortlos voreinander. Es kommt mir vor wie eine kleine Ewigkeit. Immer noch, ohne etwas zu sagen, geht sie einmal um mich herum und mustert mich, als käme ich di-

rekt vom Mars. Na ja, ganz falsch liegt sie damit ja nicht. Vor allem meine Schuhe und mein Cap finden ihr Interesse. Als sie ihre Runde beendet hat, deutet sie mir mit einem kurzen Kopfnicken an ihr zu folgen. Ich bin beunruhigt. Ihre finstere Miene hat sich trotz ihrer Musterung und meiner freundlichen Begrüßung nicht verändert.
Vor einer der vielen Hütten bleibt sie stehen und sagt barsch: »Setz dich!« Ich nehme auf dem großen Stein neben dem Eingang der Hütte Platz. Dann verschwindet sie in der Dunkelheit, der aus Lehm und Holz verkleideten Hütte. Während ich mich setze, bemerke ich, dass die Kinder immer noch da stehen und merkwürdigerweise einen bestimmten Abstand zu mir halten. Sie gucken ebenso verwirrt wie zuvor ihre Mütter. Die beiden Frauen mit den Wassereimern haben den Trog bereits mit frischem Wasser aufgefüllt und begonnen den Abwasch fortzusetzen. Als die alte Frau wieder aus der Hütte kommt, hält sie einen Keramikbecher in der Hand.
»Hier trink das und dann verschwinde!«

➡ Tom nimmt den Becher an sich und trinkt: 128

➡ Tom lehnt freundlich ab: 96

145 – CXLV

Eigenartig ist aber, dass sich in diesem Waldversteck keine Männer, sondern nur Frauen und Kinder aufhalten. Je länger ich darüber nachdenke, komme ich zu dem Schluss, das es sich um ein Diebeslager handeln muss. Denn von Napoleon, unserem Geschichtslehrer, weiß ich, dass alle arbeitsfähigen Bauern zu dieser Jahreszeit bei der Heuernte sind, also auch die Frauen. Und die Bauern wohnen entweder in der Stadt oder auf eigenen Höfen im Umland. Aber dass sich Bauern im Wald verstecken, wäre mir neu. Es sei denn, es sind Leute, die sich gegen ihren Burgherren verschworen haben, so wie die Anhänger des Schwarzen Ritters es getan

haben. Bei dem Gedanken, dass es sich hier um ein Lager aus Anhängern des Schwarzen Ritters handeln könnte, wird mir ganz anders. Ich sollte schleunigst wieder verschwinden.

Tom kehrt wieder um: 152

146 – CXLVI

Tom fehlt hier entweder ein wichtiger Gegenstand oder eine lebensrettende Zauberkraft. Damit ist sein trauriges Schicksel besiegelt und das Abenteuer an dieser Stelle leider schon zu Ende.

Hey, was ist denn nun los? Spinn ich oder ist hier wirklich schon Schluss? Ich hab doch noch nicht alle Pergamentteile gefunden. Tatsächlich, hier ist das Ende. So ein Mist, dabei war ich gerade so gut in Form. Aber was soll's. Für mich ist das kein Problem. Ich werde die Schnipsel mit dem Zauberspruch schon noch finden. Am besten, ich leg gleich noch mal los. Du wirst mir doch bestimmt wieder helfen, oder? Also, wir treffen uns dann in Opas Erfinderkammer auf Seite 16.

147 – CXLVII

Mist, ich habe mich schon wieder verlaufen.

Tom geht zurück: 222

148 – CXLVIII

Gut, dass ich mich versteckt habe. Wer weiß, wer sich hier so im Wald herumtreibt. Vorsicht ist also unbedingt angesagt. Der Trampelpfad führte mich direkt zu diesem Waldweg. Er teilt sich an dieser Stelle in drei Richtungen. Ein hölzerner Wegweiser weist in eine Stadt, zur Burg Kyldavèl und zur Burg Norgast.

149 – CXLIX

Ich nehme eine Eichel aus meinem Rucksack und werfe sie auf den feuchten Boden.

»Magische Eichel,
Eichelranke, –1«

In rasender Geschwindigkeit wächst vor meinen Augen eine Ranke. Sie schlängelt sich in Windeseile an den Wänden des Kerkers hoch, sodass ich schon befürchte, sie wird bald diesen Kerker ausfüllen und mich zu meinem Unglück auch noch zerdrücken. Doch in diesem Moment stoppt sie und wächst nicht mehr weiter. Hastig schnalle ich mir meinen Rucksack auf meinen Rücken und versuche an der Ranke Halt zu finden, da piepst meine Kerkergenossin, die Riesenratte: »Ach bitte, wärst du so freundlich mich mitzunehmen?«

➡ Tom nimmt die Ratte mit: 14

➡ Tom ekelt sich vor der Ratte und nimmt sie nicht mit: 180

150 – CL

Ich habe das Stadttor erreicht und gelange wieder auf den langen Feldweg. Nur an der großen Eiche finde ich ein schattiges Plätzchen. Doch für eine lange Pause ist keine Zeit. Ich nehme einige Schlucke Wasser aus meiner Feldflasche und gehe weiter. Dann, nach einer halben Stunde habe ich mein Ziel erreicht.

| Tom geht in den Wald: 227

151 – CLI

| »Thermometer«

Ich höre ein Klickgeräusch. Die Holzplatte, an der das Thermometer angebracht ist, steht jetzt einen Spalt offen. Das gibt's doch nicht: ein Geheimfach! Vorsichtig schaue ich hinein. Ich entdecke das Teil eines größeren Schriftstücks und eine Eichel. Auf dem Zettel steht ein Text:

GIBT UNS DIE KRAFT DER SCHWARZEN 

Cool, ich habe ein Pergamentteil gefunden. Ich verstehe zwar kein Wort von dem, was darauf steht, aber das ist wurscht. Hauptsache, ich bin meinem Ziel ein Stück näher. Psst! Was ist das? Ich höre Schritte auf dem Flur. Eilig schließe ich das Versteck und verstaue mit zitternden Händen das Pergamentteil und die Eichel in der kleinen Tasche an der vorderen Außenseite meines Rucksackes.

Dann verstecke ich mich unter dem Tisch. Erst als die Schritte sich schon lange entfernt haben, wage ich das Zimmer zu verlassen.

Tom hat eine magische Eichel gefunden. Wird die magische Eichel auf den Boden geworfen, wächst aus ihr eine zehn Meter hohe Ranke.

»Magische Eichel, Eichelranke, +1«

Tom geht wieder hinaus auf den Flur: 159

152 – CLII

Hey, hier teilt sich der Pfad schon wieder in drei verschiedene Richtungen.

➡ Tom geht nach links: 237
➡ Tom geht geradeaus: 105
➡ Tom geht nach rechts: 24

153 – CLIII

Mist, ich habe mich schon wieder verlaufen.

Tom geht zurück: 26

154 – CLIV

Tom ist nicht in der Lage, sich aus dem Käfig zu befreien. Damit ist sein trauriges Schicksal besiegelt und das Abenteuer an dieser Stelle leider schon zu Ende.

Hey, was ist denn nun los? Spinn ich oder ist hier wirklich schon Schluss? Ich hab doch noch nicht alle Pergamentteile gefunden.

Tatsächlich, hier ist das Ende. So ein Mist, dabei war ich gerade so gut in Form. Aber was soll's. Für mich ist das kein Problem. Ich werde die Schnipsel mit dem Zauberspruch schon noch finden. Am besten, ich leg gleich noch mal los. Du wirst mir doch bestimmt wieder helfen, oder? Also, wir treffen uns dann in Opas Erfinderkammer auf Seite 16.

155 – CLV

Der Troll – das unbekannte Waldwesen

Ihr Aussehen

Trolle haben runzlige Greisengesichter mit nach oben spitz zulaufenden Ohren, äußerst gefährlichen spitzen Zähnen und sind bis auf ihr Gesicht mit langem grün-braunem Fell behaart. Ausgewachsen haben sie die Größe achtjähriger Kinder. Ihre Stimmen klingen wie die von Menschenkindern. Sie leben in heimischen Wäldern in großen Lebensgemeinschaften zusammen.

Ihr Jagdverhalten

Trolle jagen in Rudeln zu dritt oder zu viert. Ein Biss sollte vermieden werden, denn die Wunde heilt nicht zu. Wird die Wunde jedoch mit dem seltenen Schlangenwurz behandelt, ist sie heilbar.

Tom findet eine Zeichnung, die einen Pfad durch ein Labyrinth zeigt.

Tom legt das Buch »Der Troll – das unbekannte Waldwesen« wieder zurück auf das Lesepult des Alchimisten: 69

156 – CLVI

Oh, ich liebe Waldwege. Glaub mir, es ist viel angenehmer, auf Waldwegen zu spazieren! Da sind jedenfalls nicht diese ätzenden Brennnesseln. Ich frag mich nur, wohin mich der Weg führt? War da nicht eben ein Geräusch? Ein leises Knacken. Doch hinter mir ist nichts zu sehen. Ich gehe weiter. Schon wieder ein Rascheln. Ich bleibe stehen. Der Wald sieht zwar recht freundlich aus, aber das kann täuschen. Ich sehe immer noch nichts. Vielleicht war es nur ein Tier. Bestimmt war es nur ein Tier.

➡ Tom hat Angst. Er läuft schnell weiter, um in die Stadt zu gelangen: 242

➡ Klar, dass Tom keine Angst hat. Er bleibt stehen und sieht nach, wer die Geräusche macht: 169

157 – CLVII

Die Hütte erinnert mich an ein Hexenhäuschen, das ich in der zweiten Klasse bei einer Theatervorstellung gesehen habe. Langsam öffne ich die schwere Holztür. Drinnen steht eine alte Frau, die gerade damit beschäftigt ist, sich ein Mittagssüppchen zu kochen. Als sie mich sieht, ruft sie »Oh, Besuch!« und scheucht mit einer lässigen Handbewegung ihren grau getigerten Kater davon, der sich auf einer vermoderten und von Holzwürmern zerfressenen Kiste schlafen gelegt hat. Sie deutet mir an Platz zu nehmen. Ich würde wirklich gern einen Moment sitzen und mich ausruhen, aber die Holzwürmer? In diesem Augenblick sieht sie den Ekel in meinem Gesicht. Ohne weiter Notiz davon zu nehmen, geht sie in die hintere Ecke ihrer Hütte und zieht von einem verdeckten größeren Gegenstand das Leinentuch herunter. Ich erstarre. Beinah so sah es aus, als ich in der Erfinderkammer von meinem Opa die Zeitmaschine unter dem Laken gefunden habe. Doch dann, als

das Tuch das verdeckte Geheimnis zum Vorschein bringt, ist es nicht das, was ich mir so sehnlichst wünsche, meine Zeitmaschine, nein, es sind nur zwei aufeinander gestapelte Stühle. Mit einem gekonnten Tritt schießt sie die alte Kiste zur Seite und tauscht sie mit einem der gerade hervorgeholten Stühle aus. Ohne mich anzusehen, sagt sie beiläufig:

»Entschuldige, ich habe noch nie etwas auf Luxus gegeben. Diese Stühle habe ich mir für besondere Anlässe angeschafft. Na ja, leider habe ich zu selten Besuch! Was ja auch kein Wunder ist, nicht wahr?«

Was meint sie damit? Die Frau greift sich ebenfalls einen der guten Besucherstühle und nimmt auf der gegenüberliegenden Seite des Tisches Platz. Sanft streichelt sie den Kater, der es sich mittlerweile wohlig schnurrend auf ihrem Schoß gemütlich gemacht hat. Ich setze mich ebenfalls und lege meinen Rucksack griffbereit auf den hölzernen Fußboden.

»Was kann ich für dich tun?«

»Guten Tag, ich heiße Tom. Ich habe mich hier im Wald verlaufen. Da habe ich diese Hütte gesehen und nun bin ich hier.«

»Na ja, wo du dich so nett vorgestellt hast, will ich dir auch verraten, wer ich bin. Ich bin eine Kräuterhexe. Mein Name ist Samia. Die Leute kommen nur noch selten hier in den Wald und kaufen das eine oder andere heilende Kraut. Sie gehen lieber zum Markt in die Stadt und versorgen sich dort mit dem Nötigsten. Du hast Glück, mich hier anzutreffen. Ich habe heute keine Lust gehabt den langen und beschwerlichen Weg bis zum Markt zu gehen. Aber was plappere ich hier, du möchtest dich sicher stärken?«

»Ja, gerne! Haben Sie etwas zu trinken?«

»Du hast Recht, bei dieser Hitze sollte man viel trinken.«

Ich bin mir noch nicht sicher, was ich von der alten Frau halten soll. Vielleicht hat sie Hintergedanken und ist deshalb so freundlich zu mir. Ich sollte sehr vorsichtig sein. In diesem Augenblick springt sie

auf, sodass ihr Kater erschrocken in die nächste Ecke flüchtet, und sagt fröhlich: »Nun, du musst unbedingt mein neues Erfrischungsgetränk probieren. Es ist eine leckere Mischung hiervon und davon. Du wirst sehen. Hinterher fühlst du dich, äh . . . sagen wir, wie neugeboren.«
Was meint sie damit? Samia geht zu einem Tisch, der am Fenster steht, und greift sich eine Holzschale. Fröhlich pfeifend nimmt sie nach und nach Keramiktöpfe mit verschiedensten Kräutern aus dem Regal und stampft sie anschließend mit einem Mörser zu einer Kräutermischung klein. Vorsichtig schüttet sie etwas von einer bläulichen Flüssigkeit dazu, die sie aus einem der Regale hinter einem weinrot schimmernden Vorhang hervorgeholt hat. Mir schwant Übles. Die Suppe, die sie gerade zusammenbraut, dampft recht merkwürdig. Das Gebräu sieht alles andere als erfrischend aus. Was mache ich nur, ich kann das Zeug doch nicht wirklich trinken. Soll ich abhauen? Die Gelegenheit wäre günstig, sie steht mit dem Rücken zu mir und würde es nicht so schnell bemerken.

➡ Tom flieht vor der Kräuterhexe Samia: 94

➡ Tom bleibt: 203

158 – CLVIII

Eines der Pergamentteile beginnt zu rauchen. Für den Bruchteil einer Sekunde meinte ich, ein Funken des Feuers wäre auf einem der Teile gelandet, als der Magier plötzlich ruft: »Nein!«
Und während noch sein verzweifelter Ruf nachhallt, lösen sich die Pergamentteile in Luft auf. Ich stehe wie versteinert da, unfähig mich zu bewegen. Es war die falsche Reihenfolge.

Tom hat die Pergamentteile in der falschen Reihenfolge angeordnet: 140

159 – CLIX

| Tom verlässt den Hauptturm: 176

160 – CLX

Endstation! Hier geht's auch nicht weiter.

| Tom geht zurück: 116

161 – CLXI

Hier geht's wieder nicht weiter.

Tom geht zurück: 59

162 – CLXII

Vielleicht wäre es ratsam, wieder zu verschwinden. Nachher hält mich noch jemand für einen Dieb. Ich möchte mir nicht ausmalen, was das für Folgen haben könnte. Vorsichtig öffne ich die schwere Haustür. In der Gasse ist niemand zu sehen. Schnell schließe ich die Tür hinter mir und gehe los.

Tom geht zum Wegweiser zurück: 167

163 – CLXIII

Die Tür ist verschlossen. Ich klopfe an, doch niemand öffnet mir.

Tom versucht in ein anderes Zimmer zu gelangen: 159

164 – CLXIV

»Ich möchte noch ein paar Kräuter bei Ihnen kaufen.«

»Oh, das ist aber freundlich von dir. Bitte, sieh dich nur um!«

Ich schaue mir die vielen Behälter und ihre Aufschriften genau an. Nur die fremden Namen sagen mir überhaupt nichts. Ich bitte Samia mir zu helfen.

»Gern, woher sollst du das auch alles wissen. Sieh hier . . .!«

Sie greift nach einem Keramiktopf mit der Aufschrift »Katzenminze«.

»Dies ist die Katzenminze. Sie hilft hervorragend beim morgendlichen Kater. Gerade in der sommerlichen Hitze, wenn die Bauern ihre schwere Arbeit auf den Feldern verrichten und erfrischendes Bier in sich hineinkippen, welches sie in ihren ledernen Umhängeflaschen bei sich tragen, brauchen sie Unmengen dieses Heilkrauts.«
Doch kaum dass ich überlegen kann, ob ich mich für Katzenminze entscheiden soll, greift sie auch schon nach einem weiteren Gefäß.
»Dieses Mauskraut hier hilft bei Erschöpfung und Müdigkeit. Vielleicht solltest du dich aber lieber für dieses hier, den Schlangenwurz, entscheiden. Es ist ein sehr nützliches Kraut. Ein Brei aus den mundförmigen Blättern heilt Wunden, die dir von bisswütigen Trollen zugefügt werden.« Sie dreht sich um, greift in einem

anderen Regal nach einem kleinen Lederbeutel und sagt: »Dies sind Feuerbohnen. Sie sind sehr schmackhaft. Viele Leute lieben sie wegen ihrer Schärfe.«

Ich weiß nicht, für welches Kraut ich mich entscheiden soll. Vielleicht könnte ich alles gut gebrauchen?

Tom weiß nicht, ob er sich für einzelne oder alle Kräuter entscheiden soll. Er zählt noch einmal sein Geld.

➡ Tom kauft sich fünf Stängel Katzenminze:

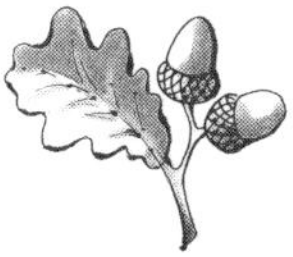

»Katzenminze,
Katerheiler, +5«

»Lederner Geldbeutel, –5«

➡ Tom kauft sich fünf Stängel Mauskraut:

»Mauskraut,
Schmerzstiller, +5«

»Lederner Geldbeutel, –5«

➡ Tom kauft sich fünf Stängel Schlangenwurz:

| »Schlangenwurz,
  Trollbissheiler, +5«

| »Lederner Geldbeutel, –5«

➡ Tom kauft sich einen Beutel Feuerbohnen:

| »Beutel Feuerbohnen, +1«

| »Lederner Geldbeutel, –3«

Ich bezahle meine Kräuter und verstaue sie im Rucksack. Es wird Zeit, dass ich mich wieder auf den Weg begebe. Auch diesmal fällt mir der Abschied schwer. Während ich Samias Hütte verlasse, sehe ich mich noch einmal zu ihr um. Sie winkt nach mir und ruft: »Viel Glück, Tom!«

| Tom macht sich wieder auf den Weg: 114

165 – CLXV

Ich bin erledigt. Die Trolle scheinen versierte Jäger zu sein, denn ohne dass sie sich untereinander verständigen, übernimmt jeder von ihnen eine andere festgelegte Aufgabe. Es ist eine raffinierte Methode, so die Beute in die Enge zu treiben.
Ich löse den Mechanismus an meinem Teleskopdolch aus. Die Trolle schrecken kurz auf. Als sie wütend ihre messerscharfen Zähne fletschen, bekomme ich Panik und schlage wild mit dem Dolch um mich.

| »Trolle, Stärke 5«

➡ Tom besiegt die angreifenden Trolle: 205
➡ Tom verliert gegen die Trolle: 139

166 – CLXVI

Langsam öffne ich die Tür und trete geräuschlos ein. Das Zimmer ist leer. Schnell schließe ich die Tür hinter mir und sehe mich um. An den Wänden stehen hohe Regale mit unzähligen alten Büchern. Am Fenster steht ein Fernrohr, daneben ein kunstvoll aus Holz gearbeiteter Globus. Auf dem Tisch davor entdecke ich verschieden große Mörser aus Zinn. Daneben liegt ein schweres aufgeschlagenes Buch, als hätte gerade jemand darin gelesen. Doch niemand ist zu sehen. Sollte ich Glück haben? Ist das das Zimmer des Magiers? Der Schreck fährt mir in die Knochen, als in diesem Moment die Tür aufschwingt: Es ist der Magier – Gott sei Dank!
»D'Elmas, endlich. Ich habe Sie gefunden!«
»Ah, sieh einer an. Du hast es also geschafft.«

»Ja, Sie können sich gar nicht vorstellen, was alles in der Zwischenzeit passiert ist.«
»Und? Hast du alle vier Pergamentteile gefunden?«
➡ Tom hat vier Pergamentteile in seinem Rucksack: 37
➡ Tom hat weniger als vier Pergamentteile in seinem Rucksack: 70

167 – CLXVII

Wo soll ich jetzt hingehen?

➡ Tom hat zwei Mark oder mehr in seinem ledernen Geldbeutel und kauft sich an einem Marktstand etwas zu essen: 244
➡ Tom verlässt die Stadt wieder: 150

168 – CLXVIII

Es ist ein Ritter, der leicht wankend neben seinem Pferd hertrabt. Soweit ich das erkennen kann, trägt er kein Schwert bei sich. Klein ist er zudem auch noch. Und nicht nur das, er ist höllisch dick. Na ja, eigentlich ist er mehr kugelrund. Als hätte er einen Hüpfball verschluckt. Kurz gesagt, ein kleiner kugelrunder schwertloser Ritter. Fröhlich gelaunt, führt er Selbstgespräche mit sich und gibt ab und zu ein Liedchen zum Besten: »Und wenn der Wald das Böse nährt, so nähert sich . . .!«

Trotz seines leicht demolierten Kettenhemdes und der Brandlöcher in seiner Jacke sieht er recht lustig aus. Ich bin heilfroh endlich einem einigermaßen freundlichen Menschen zu begegnen und eile auf ihn zu.

Erst als ich schon ganz nah vor ihm stehe, nimmt mich der pummelige Ritter wahr. Er war so sehr in seinen Gesang vertieft, dass er nun erschrocken zusammenzuckt. Bekleidet ist er mit einer Panzerjacke, die aus mehreren Lagen Segeltuch gefertigt wurde. Auf dem Kopf trägt er einen Helm mit auslaufendem Nackenschutz und hochgeklapptem Visier. Seine Handgelenke sind durch Panzerhandschuhe aus Metall geschützt. Das Einzige, was er um seinen dicken Bauch geschnürt hat, ist eine leere Gürteltasche. Mit großen Kulleraugen sieht mich der wohlbeleibte Mann an.

»Entschuldigung! Können Sie mir vielleicht sagen, wie ich aus diesem Wald herauskomme? Ich habe mich verlaufen.«

Er scheint sich wieder gefangen zu haben und antwortet fröhlich: »Aber sicher, mein Kleiner. Du fragst den rechten Mann zur rechten Zeit. Lass mich dir den richtigen Weg weisen! Du wirst sehen, bald naht Licht am Ende eines finsteren Waldes. Geh du nur vor, ich bilde die Nachhut. Besser gesagt, ich bleibe hinter dir und werde uns den mühseligen Weg mit neuestem Liedgut versüßen.«

Obwohl sein biergeschwängerter Atem verrät, woher er diese gute Laune hat, steckt mich die Fröhlichkeit dieses pummeligen Ritters an. Ich nicke kurz und spaziere ebenfalls guter Dinge los. Kaum haben wir die ersten Schritte getan, trällert er auch schon sein erstes Lied. Es klingt laut und grauenvoll. Nur jeder dritte Ton ist ein Treffer. Ehrlich gesagt, sein Gesang klingt, als hätte man ihm mit einem großen Hammer auf seinen großen Zeh gehauen. Sein Geplärre geht mir zwar höllisch auf die Nerven, aber immerhin habe ich jetzt einen einigermaßen anständigen Wegbegleiter. Die Freude darüber ist allerdings nicht von langer Dauer. Denn nach einer kurzen Strecke legt sich plötzlich eine Schlinge um meine auf dem Rücken verschränkten Arme. Mit einem kräftigen Ruck wird das Seil zusammengezogen. Ich jaule auf.

Der Ritter sagt aufgeregt: »Du Bürschchen glaubst doch nicht, dass ich mir solch eine interessante Beute entgehen lasse? Der Schwarze Ritter wird sich freuen und mich für meine Beute reichlich belohnen. Hahaha!«

Ich winde mich und versuche die Fesseln abzustreifen.

➡ Tom hat 60 oder mehr Stärkepunkte. Er kann sich gegen den Ritter wehren: 58

➡ Tom hat weniger als 60 Stärkepunkte. Er kann sich nicht gegen den Ritter wehren: 248

169 – CLXIX

Ich drehe mich um. Uff! Mir bleibt fast das Herz stehen. Hinter mir steht ein schmuddeliger, unrasierter, mit Schwert bewaffneter Typ, der Haare hat, als trage er die verlauste Perücke seiner Urgroßtante auf.

Er mustert mich von oben bis unten. Ich vermute, dass mein Cap ihn verunsichert. Recht hat er ja, es sieht komisch aus zusammen mit der mittelalterlichen Kleidung. Mit rauer Stimme fragt er: »Wer bist du?«

»Äh, meinen Sie mich?«

»Na klar, ist sonst noch jemand hier?«

Ich sollte etwas freundlicher zu ihm sein.

»Also, ich äh . . . ich bin Tom. Tom Traveller!«

»Seltsamer Name, genauso seltsam wie dein Aussehen. Woher kommst du?«

Meine Güte, soll ich ihm etwa erzählen, dass ich mit einer Zeitmaschine hierher gereist bin? Das kapiert er sowieso nicht. Ich könnte ihm eine Freude machen und ein wenig aus meinem letzten Asterix-Heft berichten. »Ich komme von weit her, aus Gallien!«

Am Zucken seines linken Auges ist zu erkennen, dass sein Gehirn angefangen hat meine Antwort zu verarbeiten. Es scheint ihm mächtig Mühe zu bereiten. Dann zuckt sein Auge nicht mehr. Cool, er hat nicht geschnallt, dass ich ihn belogen habe. Unbeeindruckt von meiner Superlüge, interessiert er sich nun für mein Gepäck.

»Was hast du da auf dem Rücken!«

»Auf dem Rücken? Ich hab was auf meinem Rücken? Igitt, machen Sie es weg, schnell!«

»Du hältst dich wohl für besonders komisch, was? Los, her damit!«

Mist! Er meint meinen Rucksack. Den geb ich nicht her. Immerhin

ist da der Schlüssel für die Zeitmaschine drin. Was mache ich denn jetzt?

➡ Tom hat einen Teleskopdolch dabei. Er verteidigt seinen Rucksack und kämpft mit dem Dieb: 38

➡ Tom hat zwar einen Teleskopdolch dabei, will aber nicht riskieren sich bei einem Kampf zu verletzen. Er versucht den Dieb zu überlisten: 246

➡ Mist, Tom besitzt keinen Teleskopdolch. Er muss versuchen dem Dieb zu entkommen: 243

170 – CLXX

Langsam habe ich das Gefühl, mich für den richtigen Weg entschieden zu haben. Es ist immer ein angenehmes Zeichen, Stimmen von Kindern zu hören. Ich kann mir nicht genau erklären, weshalb, aber ich bilde mir ein, wer eigene Kinder hat, kann auch die Sorgen und Ängste anderer Kinder verstehen oder sich besser in sie hineindenken. Und wo Kinder sind, sind wahrscheinlich auch freundliche Leute. Also gehe ich einen Schritt schneller. Schließlich habe ich Dringendes zu erledigen. In diesem Augenblick kommt eines der Kinder rückwärts zwischen den Bäumen herausgestürzt und rempelt mich dabei versehentlich an. »Hoppla, Kleiner, nicht so stürmisch.«

Es kichert vergnügt. Und während ich es festhalte, damit es nicht sein Gleichgewicht verliert und stürzt, muss ich ebenfalls schmunzeln. Langsam dreht sich das Kind zu mir um. Sicher will es feststellen, wer es beim Stürzen aufgefangen hat.

Doch ich erstarre zu Eis. Ekel steigt in mir hoch. Vor mir steht eine Kreatur mit spitzen Ohren in kleiner kindlicher Gestalt, aber mit dem runzligen Gesicht eines Greises. Der Anblick ist widerlich. Es ist ein Troll – ich kenne diese abartigen Wesen aus Sach-

büchern über Waldgestalten des späten Mittelalters. Ich habe viel über sie gelesen. Im Buch sind sie ja noch richtig cool, aber jetzt stehe ich einer dieser widerlichen Kreaturen leibhaftig gegenüber.
Der Troll hält sich kichernd eine Hand vor seinen sabbernden Mund, sieht mich mit stechendem Blick an und hebt langsam seinen spitzen Ast, den er wahrscheinlich für die Jagd benutzt. Immer noch grinsend, ruft er so merkwürdige Laute in den Wald hinein, dass sogar mein Spracheübersetzer überfordert ist. In diesem Augenblick erscheinen drei weitere Trolle, die ebenfalls ihre Jagdwaffen auf mich gerichtet haben und bedrohlich grunzen.
Was soll ich denn jetzt machen?

➡ Tom hat eine Trollpfeife dabei und pfeift: 232

➡ Tom spricht einen Steinwandler-Zauberspruch: 71

➡ Tom versucht wegzulaufen: 142

171 – CLXXI

Hier teilt sich der Pfad wieder in drei verschiedene Richtungen.

➡ Tom geht nach links: 199

➡ Tom geht geradeaus: 32

➡ Tom geht nach rechts: 80

172 – CLXXII

Irgendwie nervt mich der Typ mit seiner Aufdringlichkeit und ich will ihn so schnell wie möglich loswerden, deshalb frage ich ihn: »Wie viel sollen die Bohnen denn kosten?«
»Für drei Mark gehört dir ein ganzer Beutel. Du solltest nicht allzu lange zögern. Sie sind sehr beliebt. Solch eine Ware ist wirklich selten und kostbar!«
Ich war schon immer wild auf Kostbarkeiten, aber soll ich wirklich drei Mark für ein paar Bohnen bezahlen?

| Tom überprüft den Inhalt seines Geldbeutels. Kann er sich die Bohnen überhaupt leisten?

➡ Tom kramt drei Mark hervor und sucht sich einen Beutel mit Feuerbohnen aus.

| »Beutel Feuerbohnen, +1«

| »Lederner Geldbeutel, –3«

➡ Tom lehnt dankend ab: »Vielleicht ein anderes Mal.«

Der Händler lächelt mich freundlich an und sagt: »Leb wohl, junger Mann!«
Langsamen Schrittes, schleichend wie ein kranker Mann, schlurft der Alte weiter in Richtung Marktplatz.

| Tom kehrt um und geht zurück: 247

173 – CLXXIII

Wenn ich es mir genau überlege, könnte ich das kleine Messer an meinen Gürtel klemmen und unter dem Leinenhemd verstecken. Andererseits ist es wirklich sehr klein. Ob ich mich im Ernstfall richtig damit verteidigen könnte? Ich überlege hin und her, einerseits ist es praktisch, andererseits weiß ich nicht, welche Gefahren auf mich warten. Wäre ein Schwert nicht doch sinnvoller?

»Was soll es kosten?«

Während der Schmied über einen Preis nachdenkt, dreht er das Messer wie ein kostbares Juwel zwischen seinen Fingern und betrachtet es. Wahrscheinlich hat er sich viel Mühe damit gegeben.

»Sagen wir, für zehn Mark wechselt es seinen Besitzer!«

➡ Tom hat zehn Mark oder mehr in seinem ledernen Geldbeutel und kauft das kleine Messer: 53

➡ Tom hat weniger als zehn Mark und kann das kleine Messer nicht kaufen: 66

174 – CLXXIV

Endlich geschafft! Leider war das ein langer Weg. Meine Beine sind bereits ausgeleiert. Dagegen sind die Wandertage mit unserer Klasse schlappe Spaziergänge. Cool, die hohen Mauern um die Stadt herum. Ich gehe auf der Hauptstraße entlang, die direkt zum Marktplatz führt. Endlich wieder gepflasterten Boden unter den Füßen. Puh, jetzt bin ich mächtig durstig. Mein Hals ist schon ganz ausgetrocknet.

Tom trinkt ein wenig und überlegt sich, ob und mit wie vielen Äpfeln er sich stärken soll. Er wählt zwischen einem, zwei oder drei Äpfeln:

➡ Tom isst einen Apfel.

| »Apfel, –1«

| »+10«

➡ Tom isst zwei Äpfel.

| »Apfel, –2«

| »+20«

➡ Tom isst drei Äpfel.

| »Apfel, –3«

| »+30«

➡ Tom war noch nicht in der Stadt und sieht sich auf dem Marktplatz um: 206

➡ Tom kennt sich bereits in der Stadt aus und geht direkt zum Wegweiser, der auf dem Marktplatz steht: 167

175 CLXXV

Die Feuerbohnen scheinen dem Tier zu schmecken. Na, da bin ich ja froh, dass es keinen Appetit auf mich hat. Ich muss sparsam mit den Bohnen sein, nicht dass der Beutel zu schnell leer ist. Sonst habe ich große Chancen, als Nachtisch auf der Speisekarte zu landen. Wenn dieses Wesen nur nicht so laut schmatzen würde. Da-

durch werde ich nur an meinen eigenen Appetit erinnert. Mehr zu mir als zu dem Tier sage ich: »Ich hoffe, es schmeckt dir und wenigstens einer von uns beiden wird satt!«

»Ja, vielen Dank. Es ist vorzüglich! Aber nun erzähle mir, weshalb hat man dich hier eingesperrt?«

Oje, soll ich ehrlich sein? Ich weiß gar nicht, was das Tier überhaupt von mir will. Vielleicht ist es ein Spion des Schwarzen Ritters? Möglich wäre es.

»Das muss ein Missverständnis sein. Der alte Mönch hat sich geirrt. Wenn er wieder kommt, werde ich ihm alles erklären und er wird mich sofort freilassen!«

Das Tier fängt laut an zu lachen und sagt: »Der kommt so schnell nicht wieder. Wenn sie hier erst einmal jemanden untergebracht haben, kümmern sie sich nicht mehr um ihn. Nicht ohne Grund haben sie diesen Kerker Vergissmeinnicht genannt.«

»Soll das heißen, dass dies meine Endstation ist?«

»Von mir aus nenne es, wie du willst!«

»Und du meinst, ich werde nie wieder nach Hause kommen?«

»Das meine ich nicht nur, ich weiß es!«

Ich hätte die Finger von dieser blöden Zeitmaschine lassen sollen. Das habe ich nun davon. Die Riesenratte hat offensichtlich kein großes Verständnis für mein Schicksal. Und noch während ich mir den Kopf zermartere, wie ich trotzdem hier rauskommen könnte, schalte ich meine Taschenlampe ein und beleuchte die Wand. In etwa drei Metern Höhe ist ein breites Loch in die Mauer eingelassen. Wahrscheinlich für die Wachen, um alle paar Tage zu kontrollieren, ob ich es schon hinter mir habe. Ob ich durch das Loch fliehen kann? Scheint so, als wäre dies meine einzige Chance. Nur wie soll ich da hochkommen?

➡ Tom hat Eichelranken dabei: 149

➡ Tom hat keine Eichelranken dabei: 146

176 – CLXXVI

Gegenüber dem Bergfried, dem Hauptturm der Burg, haben sich viele Handwerker mit ihren Hütten angesiedelt. Hier im Hof wimmelt es nur so von Menschen. Überall wird gearbeitet. Die Leute im Mittelalter scheinen überhaupt fleißige Leute gewesen zu sein. Keiner steht hier untätig herum. Ich muss aufpassen, dass ich nicht auffalle. Inzwischen hat mitten auf dem Hof ein kleines hölzernes Häuschen, aus dem ein starker Rauch qualmt, meine Aufmerksamkeit erregt. Ich sehe nach, was da los ist. Irre! Das schwitzende Muskelpaket, das gerade da vorne an seinem Amboss steht und in rhythmischen Schlägen auf ein glühendes Eisen hämmert, muss der Hofschmied sein. Mit gezielten Treffern bringt er ein rot glühendes Metallteil in seine Form. In diesem Augenblick erfasse ich eine Gestalt im Augenwinkel und mein Herz springt höher: D'Elmas! Doch als ich den Magier anspreche und er sich umdreht, muss ich meine große Enttäuschung verbergen: Es ist nicht D'Elmas, sondern nur ein ganz gewöhnlicher Mönch.

➡ Tom spricht den Mönch an: 130

➡ Tom geht in den Hauptturm: 223

➡ Tom hat plötzlich ein mulmiges Gefühl und verlässt die Burg wieder: 249

177 – CLXXVII

Eines der Pergamentteile beginnt zu rauchen. Für den Bruchteil einer Sekunde meinte ich, ein Funken des Feuers wäre auf einem der Teile gelandet, als der Magier plötzlich ruft: »Nein!«
Und während noch sein verzweifelter Ruf nachhallt, lösen sich die Pergamentteile in Luft auf. Ich stehe wie versteinert da, unfähig mich zu bewegen. Es war die falsche Reihenfolge.

| Tom hat die Pergamentteile in der falschen Reihenfolge angeordnet: 140

178 – CLXXVIII

Es gelingt mir nicht auf Anhieb, das Seil mit dem Messer durchzuschneiden. Zu meinem Unglück knirschen die verbundenen Äste bei jeder Bewegung, die ich hier drinnen verursache. Das macht es schwierig, mich zu beeilen, zumal ich nicht weiß, wann die Diebe ins Lager zurückkehren werden. Außerdem will ich vermeiden, dass die Bestie unter mir aufwacht. Nur noch ein kleines Stückchen und das widerspenstige Seil ist fast durchtrennt. Doch gerade als es ein wenig nachgibt, ruckelt der Käfig kurz und einer der vielen Äste bricht unter der Spannung auseinander. So ein Pech. Das Seil an der Käfigtür ist immer noch nicht durchtrennt, aber das seltsame Tier ist von diesem Geräusch wach geworden. Es richtet sich auf, fletscht die Zähne in seinem sabbernden Maul, dreht sich zu mir um und knurrt mich an. Erschrocken sehe ich mich um. Niemand stürzt aus den Hütten, um nachzusehen, was hier vor sich geht. Da wird mir erst richtig bewusst, dass ich auf meiner Flucht zwar keine menschlichen Verfolger zu befürchten habe, aber mit dieser hässlichen Kreatur fertig werden muss. Da kommt mir eine rettende Idee.

➡ Tom spricht den Steinwandler-Zauberspruch: 52

➡ Toms magischer Stein hat keine Zauberkraft mehr: 154

179 – CLXXIX

Ein kurzer Aufschrei, dann lässt der Dieb das Schwert fallen. Als er sich hinunterbeugt, um es wieder aufzuheben, halte ich ihm blitzartig meinen Teleskopdolch vor die Nase und sage mit coolem Blick einen Satz, den ich schon oft im Kino gehört habe: »An Ihrer Stelle würde ich es liegen lassen, Sie Schurke!«

Das scheint zu wirken. Langsam zieht er seine Hand wieder zurück. »Und jetzt weg da!« Der Dieb stellt sich wie in Zeitlupe aufrecht hin und geht zwei Schritte zurück. Na, wie war ich? Langsam tut mir der

arme Kerl Leid. Schnell greife ich mir sein Schwert und sage: »Laufen Sie so schnell und so weit, wie Sie können! Kommen Sie mir nie wieder in die Quere! Und wenn, dann waschen Sie sich gefälligst vorher! Übrigens, eine Rasur könnte auch nicht schaden!«
Das sagt meine Mama immer. Natürlich nicht zu mir.
»Das nächste Mal kenne ich keine Gnade.«
Der Dieb lässt sich nicht zweimal darum bitten, denn mit meinem Teleskopdolch und seinem Schwert bin ich ihm haushoch überlegen. Er macht sich eilig aus dem Staub und flüchtet in den Wald hinein. Ich will ja nicht angeben, aber ich glaube, er hat die Hosen gestrichen voll. Das Schwert ist mir zu sperrig. Ich kann es nicht die ganze Zeit über tragen. Deshalb verstecke ich es zwischen dem Laub auf dem Waldboden. Und übrigens, mein Bedarf an Abenteuern ist für heute gedeckt. Ich laufe los.

Tom läuft weiter in Richtung Stadt: 121

180 – CLXXX

Ich denke gar nicht daran, das ekelhafte Tier mitzunehmen. Nur wie erkläre ich es?
»Es tut mir Leid, aber ich weiß nicht, wie ich dich bis nach oben tragen soll. Du bist mir sicher zu schwer!«
Aufgeregt läuft das Tier hin und her und piepst: »Nein, ich kann mich ganz leicht machen! Außerdem könntest du mich in deinem Rucksack transportieren!«
»Nun äh, da sind wichtige Dinge drin. Ich möchte dich ja nicht beleidigen, aber sie dürfen nicht schmutzig werden.«
Die Stimme klingt nun traurig: »Ja, ich verstehe, dann muss ich wohl weiter hier unten bleiben.«
»Tut mir Leid.«
Es scheint dem Tier hier unten gar nicht so schlecht zu gehen. Immerhin sieht es wohlgenährt aus. Außerdem habe ich inzwischen gelernt vorsichtig zu sein. Eine sprechende Ratte – da gehen doch alle Alarmglocken an!
Ehe dieses Wesen die Diskussion fortsetzt, klammere ich mich an die Ranke und klettere bis ganz hinauf. Zu meinem Glück kann ich in dieser Dunkelheit nicht sehen, wie hoch es hier oben ist. Ich bin doch nicht schwindelfrei. Oben angekommen, fährt mir plötzlich ein Schreck durch alle Glieder. Zu früh gefreut! Das Loch ist mit einem Gitter verschlossen. Ich rüttele daran. Bombenfest. Ein Durchkommen scheint unmöglich. Es bleibt mir also nichts anderes übrig, als wieder hinunterzuklettern. Ich hasse diesen Kerker.

Tom hat keine weitere Fluchtmöglichkeit: 132

181 – CLXXXI

Wieder bin ich falsch abgebogen. Hier geht es nicht mehr weiter.

Tom geht zurück: 29

182 – CLXXXII

Endstation, also schnell zurück.

Tom geht zurück: 35

183 – CLXXXIII

Ich drücke den magischen Stein fest in meiner Hand. Wenn Winni mich so sehen könnte, würde er mich glatt für verrückt erklären, aber dies könnte meine einzige Chance sein, wieder heil aus diesem Schlamassel herauszukommen. Ich hoffe, dass der Steinwandler-Zauberspruch auch bei zwölfjährigen Jungen aus der Zukunft wirkt. Kaum habe ich mich fest auf den Zauber konzentriert, verharren die wilden Kreaturen bereits in ihren Bewegungen und erstarren. Als hätte jemand die Stopptaste eines Videorekorders gedrückt. Ich bin selbst überrascht, dass es wirklich funktioniert. Ich traue meinen Augen kaum. Vorsichtig nähere ich mich einem von ihnen und berühre sein versteinertes, eben noch grün-braun schimmerndes Fell. Es fühlt sich nicht kalt an und ist tatsächlich steinhart. Der Zauber hat also gewirkt. Ich habe meine Feinde zu Stein verwandelt. Mir wird übel bei dem Gedanken, was ich alles damit anstellen könnte. Aber ich darf nicht weiter darüber nachdenken. Schließlich hat mir der Stein das Leben gerettet.

»Magischer Stein,
Steinwandler, –1«

Mir ist der Appetit auf Abenteuer vergangen. Ich sollte schleunigst diesen düsteren Wald verlassen, ehe der Dieb wieder auftaucht und nach seiner Beute fahndet. Ah, da vorne ist ein Trampelpfad. In welche Richtung soll ich gehen?

➡ Tom geht nach links: 47

➡ Tom geht nach rechts: 22

184 – CLXXXIV

Hoppla, wo bin ich hier gelandet? Hier teilt sich der Pfad wieder in drei Richtungen. Bin ich vielleicht im Kreis gelaufen? Doch die Hütte dort drüben im Schutz des Dickichts habe ich bisher übersehen.

➡ Tom ignoriert die Hütte
- und geht nach links: 222
- und geht geradeaus: 195
- und geht nach rechts: 44

➡ Tom geht zur Hütte
- Er war noch nicht in der Hütte: 157
- Er war bereits in der Hütte: 231

185 – CLXXXV

Ich glaube es nicht. Das erste Mal in meinem Leben habe ich bei einem Glücksspiel gewonnen. Fängt ja gut an mein Mittelalterabenteuer, oder? Allerdings scheint der Preis alles andere als Reichtum zu bedeuten. Die Zuschauer jubeln trotzdem. Mein Glück macht auch ihnen wieder Hoffnung auf Gewinn. Obwohl ich vermute, dass der Gauner nach meinem Spiel wieder die alten gezinkten Würfel einsetzen wird. Ich fühle ihre lobenden Hände auf meinen

Schultern. Der Glücksspieler sieht zu mir herauf, steht wie in Zeitlupe auf und greift nach einem Lederbeutel, der an einem schmalen Riemen um seinen Hals hängt. Er zieht ein zusammengefaltetes Stück Papier heraus. Er hält es hoch und ruft: »Hier nimm, deinen Preis! Es ist . . .«
Der Glücksspieler macht eine Pause, um die Spannung der neugierigen Menschen zu steigern.
». . . das Rezept einer Tinktur!«
»Oh!« Eine Raunen geht durch die Menschenmenge.
»Jawohl, dieses Wässerchen wird deinen Mundgeruch beseitigen. Auch das kann ein Weg zu den üppig gefüllten Tafeln der Schönen und Reichen bedeuten. Du weißt ja: Rülpse nie bei Tisch deinem Nachbarn mit Mundgeruch ins Gesicht! Wer diese Regel beachtet, dem stehen alle Türen offen. Hahaha!«
Alles bricht in schallendes Gelächter aus.
Will der mich vergackeiern? Meinetwegen kann er dieses blöde Rezept aufessen. Ich brauche kein Mundwasser. Oder? Da fällt mir siedend heiß ein, dass ich meine klügere Zahnbürste, die nachgibt, meine Zahnpasta mit Dreifach-Prophylaxe und meine Zahnseide vergessen habe. Mist.
Trotzdem, er hat mir mit einem saudoofen Trick mein weniges Geld aus der Tasche gezogen. Wütend drehe ich mich um und versuche mir einen Weg durch die Menschenmenge zu bahnen, als er ruft: »Oh, seht! Der junge Herr ist beleidigt.«
Er ist aufgesprungen, ergreift meine Schulter, dreht mich herum und zieht meinen Arm zu sich herüber. Das Papierstück legt er in meine flache Hand und ballt sie zu einer Faust. Dann flüstert er: »Frischer Atem kann Berge versetzen. Du solltest das nicht unterschätzen.«

➡ Tom fühlt sich auf den Arm genommen und wirft dem Glücksspieler das Rezept vor die Füße: 125

➡ Tom nimmt das Rezept an sich, damit der Kerl ihn endlich in Ruhe lässt und er weiterziehen kann: 230

186 – CLXXXVI

Auf der linken Seite erkenne ich einen Trampelpfad. Soll ich da hineingehen? Wer weiß, was mich im Dickicht der Bäume erwartet.

➡ Tom geht den Trampelpfad entlang: 119

➡ Tom geht zurück zum Wegweiser: 110

187 – CLXXXVII

Hoppla, wo bin ich hier gelandet? Hier teilt sich der Pfad wieder in drei Richtungen.

➡ Tom geht nach links: 184

➡ Tom geht geradeaus: 224

➡ Tom geht nach rechts: 197

188 – CLXXXVIII

Die Schneiderei hat geschlossen. Ich klopfe einige Male gegen das schwere Holz der Tür und warte. Einen Augenblick lang geschieht nichts, bis plötzlich jemand sehr verärgert seinen Kopf aus einem kleinen Fenster neben der Tür herausstreckt, einmal kurz zu mir herüberblinzelt und ruft: »Was klopft Ihr? Habt Ihr keine Augen im Kopf? Es ist geschlossen. Kommt morgen wieder!«

Bloß weg hier, die scheinen ziemlich sauer zu sein.

❙ Tom geht zum Wegweiser zurück: 167

189 – CLXXXIX

Der Mann grüßt mich mit einem kurzen Kopfnicken und nimmt weiter keine Notiz von mir. Da bemerke ich, je unauffälliger ich mich verhalte, desto weniger Aufsehen errege ich. Dann kann ich ja auch gleich mal fragen, wo ich D'Elmas finde. Ich drehe mich um und rufe dem Mann mit den Schriftrollen hinterher: »Entschuldigen Sie, darf ich Sie mal was fragen?«

»Ja, bitte!«

»Ach können Sie mir sagen, in welchem Zimmer ich D'Elmas finde?«

»Du meinst unseren Magier?«

Ich nicke.

»Sicher, geh nur diesen Gang entlang! Hinten am Ende gehst du rechtsherum. In einem der Zimmer wirst du ihn finden. Ich glaube, es ist die zweite Tür auf der linken Seite.«

»Danke!«

Während ich mich bedanke, dreht sich der Mann schon um und hastet weiter. Ich beeile mich. Am Ende des Ganges biege ich in den rechten Seitengang ein. Die Türen hier sehen anders aus. Seltsamerweise hängt an jeder Tür ein Holzschild mit einer Nummer. Es kommt mir vor, als befände ich mich in einem Hotel. Irgendwo muss ich doch D'Elmas finden können. Ob ich es hier einfach versuche?

➡ Tom sieht sich etwas genauer in den Zimmern um: 159

➡ Tom kommt die Sache spanisch vor. Er verlässt den Hauptturm: 176

190 – CXC

Die Tür ist verschlossen. Ich klopfe an, doch niemand öffnet mir.

Tom versucht in ein anderes Zimmer zu gelangen: 159

191 – CXCI

Puh, noch die paar Meter, dann habe ich es geschafft. Da vorne ist der Wald zu Ende. Hoffentlich werde ich in der Stadt das Glück haben und einige der Pergamentteile finden. Wenn ich nicht diese lästige Aufgabe hätte, die blöden Schnipsel zu finden, hätte ich selbst bestimmen können, wann ich wieder zurück in meine Zeit reise, aber so? So sieht die Lage doch entscheidend anders aus. Ehrlich gesagt, ich hab ganz schön die Hosen voll. Aber wehe, Winni, mein Kumpel, erfährt das.

Da vorne, der lange Feldweg, er müsste direkt in die Stadt führen. Ich hoffe nur, dass ich dabei keiner Menschenseele begegne. Mein Cap und mein Rucksack verunsichern die Leute nur, was ich absolut verstehen kann. Und meine Turnschuhe, die sind auch nicht gerade zeitgemäß. Na ja, was soll es. Ich muss einfach sehr vorsichtig sein. Sobald ich also von weitem irgendeine mittelalterliche Nase erblicke, hüpfe ich schnell in das Getreidefeld und verstecke mich so lange, bis die Gefahr vorbei ist.

Übrigens, das ist ein irres Gefühl, hier so auf dem Feldweg längszuspazieren. Nichts deutet darauf hin, dass ich mich im vierzehnten Jahrhundert befinde. Die Bäume, die Wolken, der sandige Weg, alles sieht aus wie im 21. Jahrhundert. Erstaunlich, nicht?

Ah, da vorne der Baum, er bietet mir ein schattiges Plätzchen zum Ausruhen. Für gewöhnlich bewältige ich derartige Strecken mit meinen Inlinern oder meinem Mountainbike, deshalb bin ich es einfach nicht mehr gewohnt, dafür die guten alten Füße zu benutzen. Es würde mich nicht wundern, wenn den Menschen in tausend Jahren keine Füße mehr wachsen. So, jetzt muss ich erst mal etwas trinken. Die Hitze macht mich noch wahnsinnig.

Tom macht sich weiter auf den Weg in Richtung Stadt: 174

192 – CXCII

Es ist sehr anstrengend, in diesem Gedränge vorwärts zu kommen. Endlich habe ich die Gasse erreicht, in der sich die Schänke befinden müsste. Hier ist jedenfalls nicht ganz so viel los wie auf dem Marktplatz. Ah, da vorne an der Hauswand hängt ein Schild. Hier muss es sein.

➡ Tom geht in die Schänke hinein: 113

➡ Tom geht weiter die Gasse entlang: 143

193 – CXCIII

Eines der Pergamentteile beginnt zu rauchen. Für den Bruchteil einer Sekunde meinte ich, ein Funken des Feuers wäre auf einem der Teile gelandet, als der Magier plötzlich ruft: »Nein!«
Und während noch sein verzweifelter Ruf nachhallt, lösen sich die Pergamentteile in Luft auf. Ich stehe wie versteinert da, unfähig mich zu bewegen. Es war die falsche Reihenfolge.

> Tom hat die Pergamentteile in der falschen Reihenfolge angeordnet: 140

194 – CXCIV

Vielleicht sollte ich bis zum Marktplatz mitfahren.
»Können Sie mich noch bis zum Marktplatz mitnehmen?«
»Sicher doch. Überhaupt kein Problem.«
Dann setzt sich der mit Körben voller Äpfel beladene Pferdekarren wieder in Bewegung. Langsam nähern wir uns der belebten Hauptstraße. Die Hauptstraße ist so voll, dass ein Durchkommen fast unmöglich ist. Es erfordert eine Menge Geduld. Aber der Händler bleibt cool. Ihm bleibt nichts anderes übrig – die Äpfel-

körbe bis zum Markt zu tragen wäre nicht zu schaffen. Endlich sind wir angekommen.

➡ Tom hilft dem Händler abzuladen: 202

➡ Tom verabschiedet sich. Er war noch nicht auf dem Marktplatz und sieht sich dort um: 206

➡ Tom verabschiedet sich und geht direkt zum Wegweiser auf dem Marktplatz: 167

195 – CXCV

Ätsch, Endstation, Sackgasse, falsch abgebogen!

| Tom geht zurück: 184

196 – CXCVI

| »Rechenbrett«

Ich ziehe die zweite auf dem Rechenbrett gelegte Zahl von der ersten ab und lege mit den Münzen das Ergebnis. Jetzt teilt ein Schließmechanismus das Brett in zwei Hälften, die an einer Seite mit einem Scharnier zusammengefügt wurden. Es lässt sich wie ein Buch aufklappen. Drinnen befindet sich ein abgerissenes Stück Pergament mit einem seltsamen Text:

MACHT AUF EWIG ZU WIDERSTEHEN.

Irre, das muss ein Teil des Zauberspruches sein. Ich stecke das Pergamentteil ein, schließe das Rechenbrett und lege es an die alte Stelle zurück. Jetzt sollte ich aber schleunigst wieder verschwin-

den, bevor doch noch jemand kommt. Heilfroh, meiner Rückreise einem Riesenschritt näher gekommen zu sein, laufe ich die Holztreppe hinunter, um das Haus des Schusters wieder zu verlassen.

❙ Tom geht zum Wegweiser zurück: 167

197 – CXCVII

Hey, von hier aus bin ich doch in diesem nervigen Labyrinth gelandet. Es muss doch einen Grund geben, weshalb man hier in die Irre geleitet wird. Ich bin einfach zu neugierig. Ob ich es noch einmal versuche?

➡ Tom versucht noch einmal das Labyrinth zu durchqueren: 22

➡ Tom geht zurück: 47

198 – CXCVIII

Handbuch magischer Kräuter

Magische Kräuter heimischer Wälder haben sorgfältig angewendet heilende, bei unvorsichtigem Gebrauch aber auch schädigende Wirkungen.

Katzenminze

Verwende Katzenminze bei morgendlichem Kater! Vor allem nach übermäßigem Genuss von Bier.

Mutterkraut

Verwende das Mutterkraut, um Schmerzen aus dem Kopf zu nehmen! Es erleichtert auch die Geburt.

Zitronenmelisse

Verwende Zitronenmelisse, um schwere Krankheiten zu heilen oder Fieber zu senken!

Schlafmohn

Verwende Schlafmohn bei Schlaflosigkeit und bei Schmerzen während des Aderlasses!

Schlangenwurz

Verwende Schlangenwurz, um die sonst unheilbaren Wunden bisswütiger Trolle zu heilen!

Tom legt das Buch »Handbuch magischer Kräuter« wieder zurück auf das Lesepult des Alchimisten: 69

199 – CIC

Und wieder Endstation. Ich sage jetzt nichts mehr. Ich gehe einfach wieder zurück.

Tom geht zurück: 171

200 – CC

Glücksspiele mag ich nicht. Außerdem habe ich den Typen durchschaut. Glaubt der wirklich, ich falle auf so einen billigen Trick rein? Ich sollte mich schleunigst weiter auf die Suche nach den Pergamentteilen machen.

| Tom geht zum Wegweiser: 167

201 – CCI

Jetzt sollte ich aber schleunigst wieder verschwinden, bevor doch noch jemand kommt.

| Tom nimmt das Amulett an sich.

| »Amulett, +1«

Ich verstaue das Amulett in meinem Rucksack und steige die Holztreppe hinunter, um das Haus des Schusters zu verlassen.

| Tom geht zum Wegweiser zurück: 167

202 – CCII

Endlich haben wir den Marktplatz erreicht. Wir halten an einem Stand, in dem noch keine Waren ausgestellt sind. Ich krame meinen Geldbeutel aus dem Rucksack und zahle das restliche Fahrgeld.

| Tom bezahlt das restliche Fahrgeld von einer Mark.

| »Lederner Geldbeutel, –1«

Während wir vom Karren steigen, biete ich meine Hilfe an: »Wenn Sie möchten, kann ich Ihnen beim Abladen helfen. Dann haben Sie Ihren Stand schneller aufgebaut. Hier auf dem Markt ist ja schon eine Menge los.«
Der Händler lacht über das ganze Gesicht. »Oh, das sein wirklich freundlich von dir. Ich nehmen gerne an. Klettere nur auf Ladefläche und schiebe Apfelkörbe an Rand, damit ich kann besser tragen!«
»Okay!«
Ich steige also wieder hinauf und tue, was er vorgeschlagen hat. Es dauert nicht lange, dann haben wir insgesamt zwölf schwere Körbe abgeladen. Das war ganz schön anstrengend.

| Durch seine Hilfe beim Abladen verliert Tom wieder an Stärke.

| »–10«

Der Händler wischt sich mit dem Ärmel die verschwitzte Stirn und sagt schwer atmend: »Danke, das sein gewesen sehr freundlich von dir. Hier du nehmen diese drei Äpfel. Sie aus eigenem Anbau. Machen groß und stark.«
Das kann ich jetzt gut gebrauchen – Stärkung.
»Oh, vielen Dank.«

| Tom bekommt vom Händler drei Äpfel.

| »Apfel, +3«

Während der Händler damit beschäftigt ist, seinen Stand einzurichten, verstaue ich die Äpfel in meinem Rucksack und verabschiede mich: »So, ich muss jetzt weiter. Auf Wiedersehen!«

»Auf Wiedersehen, junger Mann. Hat mir gemacht große Freude dich kennen zu lernen. Du gut auf dich aufpassen.«

»Ja, das mache ich.«

Dann marschiere ich los. Ich kann es kaum abwarten, über den Markt zu schlendern. Es ist absolut cool hier. Die große Auswahl an Waren. Und die Gerüche. Hier wird überall irgendetwas lecker Gebackenes oder Gebratenes zum Kauf angeboten. Mir läuft das Wasser literweise im Mund zusammen. An einigen Ständen duftet es aber auch nach Leder. Irre, was die Leute hier so alles aus Leder machen. Schuhe, Gürtel, Gürteltaschen und sogar Flaschen zum Umhängen, die mit Bier gefüllt von Bauern zur Feldarbeit mitgenommen werden. Das muss komisch aussehen, wenn die Bauern dann angesäuselt versuchen gerade Bahnen zu mähen. Warum nur erinnert mich dieser Gedanke an die mysteriösen Kornkreise, die auf englischen Feldern entdeckt wurden? Vielleicht waren es auch nur betrunkene Feldarbeiter statt irgendwelche Außerirdischen?

➡ Tom war noch nicht auf dem Marktplatz und sieht sich dort um: 206

➡ Tom war bereits auf dem Marktplatz und geht direkt zum Wegweiser: 167

203 – CCIII

Ich glaube zwar nicht, dass sie mich vergiften will, aber soll ich wirklich ihr Wunderwässerchen trinken? Außerdem sieht die bläulich schimmernde Brühe ekelhaft aus.

Samia dreht sich zu mir um, lächelt mich mit strahlenden Augen an und reicht mir das dampfende Kräutergemisch. Plötzlich habe ich so einen blöden Gedanken: Was wäre, wenn sie eine Anhängerin des Schwarzen Ritters ist. Ich hätte kaum Chancen, ihr zu

entkommen. Die Kräuterhexe scheint meine Angst zu spüren. Während sie mir den Keramikbecher reicht, versucht sie mich zu beruhigen: »Du brauchst dich vor mir nicht zu fürchten! Sieh hier, das habe ich für dich aus meinem Geheimkästchen geholt!«
Sie zeigt mir ein gelb-braun schimmerndes Stück Papier, auf dem seltsame Wörter aufgeschrieben sind:
DER KLINGE DIESES GLÜHENDEN SCHWERTES 
»Es ist ein Teil des Pergaments mit dem Zauberspruch. Viele Jahre habe ich darauf gewartet, bis die Prophezeiung wahr wird und derjenige kommen wird, dessen Bestimmung es ist, dieses Teil an sich zu nehmen. Es wurde berichtet, dass sich ein Mann jungen Alters auf eine gefahrvolle Reise – losgelöst von gestern, heute und morgen – begeben wird, um den Fluch des Schwarzen Ritters zu brechen und unser Land von der bösen Magie zu befreien.«
»Aber wer sagt Ihnen, dass ich der junge Mann bin?«
Samia zeigt auf mein weinrotes Cap mit der Aufschrift NYC und sagt: »Deine Kopfbedeckung und der seltsame Knopf in deinem Ohr haben es mir verraten.«
Mist, sie hat meinen Spracheübersetzer gesehen.
»Aber komm, trink erst einmal deine Medizin!«
Kaum habe ich einige Schlucke des süßlich duftenden Gebräus zu mir genommen, sind sofort die Schmerzen in meinem Kopf verflogen. Auch mein Schwindel ist vorüber. Ich fühle mich wie neugeboren. Während ich den letzten Schluck aus dem Keramikbecher leere, sagt sie: »Ich habe mir erlaubt deine Flasche mit frischem Wasser zu füllen.«

Tom hat sich bei Samia ausgeruht und gestärkt. Er erhält seine ganze Stärke wieder.

»100«

Samia füllt Toms Feldflasche mit frischem Wasser und schenkt ihm drei Äpfel.

»Apfel, +3«

»Wenn du willst, kannst du dich in meinem Kräuterlager umsehen. Vielleicht kannst du etwas davon gebrauchen?«
So ganz ohne etwas zu kaufen, will ich mich nicht von Samia verabschieden. Ich möchte mich gerne erkenntlich zeigen. Und sie hat wirklich starke Kräuter in ihrem Angebot. Nur muss ich erst einmal nachsehen, ob ich noch genug Geld bei mir habe.

➡ Tom hat noch etwas Geld und kauft Kräuter: 164

➡ Tom hat nicht mehr viel Geld und macht sich wieder auf den Weg: 91

204 – CCIV

Dies ist auch die falsche Richtung. Hier endet plötzlich der Pfad.

Tom geht zurück: 237

205 – CCV

Es ist kaum zu glauben, aber ich habe die Trolle tatsächlich mit dem Teleskopdolch besiegt.

Tom verliert an Stärke und Gesundheit.

»–10«

»–15«

Wie wild springen sie auseinander und ergreifen die Flucht. Jetzt aber schnell weg hier. Eine weitere Begegnung möchte ich möglichst vermeiden.

➡ Tom hat das magische Kraut »Schlangenwurz« dabei, damit kann er die Bisswunden der Trolle heilen. Für jeden Stängel des Krauts, den er verwendet, erhält er fünf Gesundheitspunkte.

»Schlangen-wurz, –?«

»+? mal 5«

(? = Anzahl der Stängel »Schlangenwurz«)

➡ Tom hat keinen »Schlangenwurz« dabei:

Ich sollte den Wald schleunigst verlassen. Ah, da vorne ist wieder der Trampelpfad. In welche Richtung soll ich gehen?

➡ Tom hat keine Gesundheitspunkte mehr: 213

➡ Tom geht nach links: 47

➡ Tom geht nach rechts: 22

206 – CCVI

So viele Leute auf einem Haufen habe ich schon lange nicht mehr erlebt. Es sieht einfach toll aus. Die Leute tragen von bäuerlicher Kleidung bis hin zu Gewändern aus Seide wohl alles, was die mittelalterliche Mode zu bieten hat. In Wirklichkeit ist alles bunt, nicht so düster, wie es immer in den Bildern aus dieser Zeit dargestellt wird. Von überall her dringen Rufe der fliegenden Händler, die lauthals ihre Waren zum Kauf anpreisen. Die aus Holz gefertigten und zusammenklappbaren Stände sind durch ein Segeltuchdach vor Regen geschützt. Mitten in diesem Gewühl treibt

ein Bauer einige seiner Hausschweine vor sich her. Die Stände stehen dicht nebeneinander und lassen nur wenig Platz für die Marktbesucher. Drüben verkauft ein Bauer Federvieh, das aufgeregt und laut gackernd in den engen aufeinander gestapelten Käfigen herumflattert. Andere bieten saftige Äpfel und Birnen in großen Körben an. Da läuft sogar mir das Wasser im Mund zusammen. Allerlei Kleidung und auch andere nützliche, aus Leder gefertigte Dinge wie Taschen, Bierhumpen und Schuhe können hier an den Ständen erworben werden. Und da drüben ist ein Stand mit Käse, Eier und Salz. Am meisten wundert es mich, dass einige Musikanten es tatsächlich geschafft haben, noch einen kleinen Platz zu ergattern, um ihre Lieder vorzutragen. Hier gibt es kaum Gesichter, die nicht fröhlich sind. Die Leute haben Spaß am Geldausgeben. Ich übrigens auch. Hey, die Ausgelassenheit dieser Leute ist ansteckend. Ihre Fröhlichkeit, die Musik, die leckeren Düfte von Gebackenem, frischen Obstsäften und Bier erinnert mich mehr an ein ausgefallenes Fest als an einen Wochenmarkt. Es ist absolut cool hier. Ich bleibe stehen, sehe mich um und genieße diesen Anblick. Doch in diesem Moment erst bemerke ich, dass mich einige der Marktbesucher verwundert anstarren. Da wird mir wieder bewusst, dass ich nicht zu meinem Vergnügen hier bin und garantiert mit meinem ungewöhnlichen Aussehen auffalle. Am liebsten würde ich mich sofort verkriechen. Ich sollte mich also schleunigst wieder auf die Pergamentteile konzentrieren und meine Suche fortsetzen. Nur, es duftet hier so verlockend. Ich könnte ein ganzes gebratenes Schwein verschlingen.

➡ Tom hat mehr als zwei Mark in seinem ledernen Geldbeutel und kauft sich etwas zu essen: 244

| Tom sieht einen Wegweiser und geht hin: 214

207 – CCVII

Wieder bin ich falsch abgebogen. Hier geht es nicht weiter.

| Tom geht zurück: 3

208 – CCVIII

Ich hole mit meinem linken Bein weit aus und trete ihm mit voller Wucht gegen das Schienbein. Sogar mir tut es weh, aber jetzt, wo es darum geht, den Klauen eines gefährlichen Geisteskranken zu entkommen, ist mir beinahe jedes Mittel recht. Für einen kurzen Moment kann ich mich aus seiner Umklammerung befreien, doch als ich gerade loslaufen will, packt er mich an den Schultern und schüttelt mich wütend.

»Versuch das nicht noch einmal, Bürschchen! Du hast keine Chance. Dich Rotzlümmel werde ich schon unschädlich machen. Da kannst du Gift drauf nehmen.«

Bei diesen Worten packt er noch schmerzhafter zu. In mir steigt Panik auf. Ich nehme alle Kraft zusammen und trete ihm ein zweites Mal gegen das ohnehin schon gepeinigte Schienbein.

➡ Tom besitzt 50 Stärkepunkte oder weniger. Seine Kraft im Fuß reicht nicht aus, um dem Mönch Schaden zuzufügen: 86

➡ Tom besitzt mehr als 50 Stärkepunkte. Seine Kraft reicht aus, um den Mönch mit dem Fuß außer Gefecht zu setzen: 76

209 – CCIX

»Leider habe ich nichts zu essen für dich.«

»Das ist nicht schlimm. Lässt du mich gehen?«

»Aber natürlich.« Ich bin überrascht über diese Frage. Sehe ich et-

wa so aus, als würde ich sie verraten? Plötzlich höre ich aufgebrachte Stimmen, die hinter der Biegung auf uns zukommen: »Los, vorwärts, Leute, sucht das Balg!«

Mit großen ängstlichen Augen sieht sie mich an und fragt: »Verrätst du mich auch nicht?«

»Nein, natürlich nicht, und jetzt sieh zu, dass du läufst, sonst entdecken dich deine Verfolger noch.«

Panisch rennt das Mädchen los und ruft mir zu: »Danke!«

Dann ist es in der Dunkelheit der Gasse verschwunden.

Eine wild zeternde Meute von drei Männern und zwei Frauen laufen mit Stöcken in der Hand an mir vorbei. Das Mädchen tut mir Leid. Aber so flink, wie es ist, haben die schwerfälligen Bauern keine Chance, sie einzuholen. Nach einigen Schritten erkenne ich am Ende der Gasse viele Menschen. Das muss der Marktplatz sein. Das bunte Treiben, das ich bereits von hier aus erkennen kann, sieht sehr interessant aus. Zu Hause liebe ich es, wenn meine Eltern mit mir auf den Jahrmarkt gehen. Also gehe ich einen Schritt schneller.

➡ Tom war noch nicht auf dem Marktplatz und sieht sich dort um: 206

➡ Tom war bereits auf dem Marktplatz und geht direkt zum Wegweiser: 167

210 – CCX

Einige der Kinder zerren an meinem Rucksack, den ich immer noch auf meinen Rücken geschnallt habe. Ich wehre mich mit allen Mitteln dagegen. Den lasse ich mir nicht nehmen. Nur über meine Leiche.

»Hört auf damit!«, befiehlt die alte Frau.

Während mir eine der beiden bewaffneten Frauen die Hände hinter dem Rücken fesselt, entreißt mir die Anführerin meinen Ruck-

sack und nimmt ihn mit in ihre Hütte, um ihn dort aufzubewahren. Die andere verschnürt meine Hände mit einem Doppelknoten und schleppt mich zu einem Käfig.

Mein Gefängnis sieht eher aus wie ein Vogelbauer für Papageien. Das Ding hängt an einem Galgen. Mir ist klar, dass ich keine Chance mehr habe, mich gegen diese Gefangennahme zu wehren. Also leiste ich keinen Widerstand. Ich muss mir unbedingt einen Fluchtplan ausdenken – falls fliehen überhaupt noch möglich ist. Wortlos sperren die Frauen den Käfig auf und stoßen mich hinein. Als wäre nichts geschehen, gehen alle wieder ihrer gewöhnlichen Ta-

gesbeschäftigung nach. Auch die Kinder spielen jetzt wieder so vergnügt wie vorhin. Nach wenigen Minuten haben sich auch die letzten neugierigen Kinder von mir entfernt. Es ist bestimmt Absicht, dass sie diesen sonnigen und windgeschützten Platz für ihren Gefangenenkäfig gewählt haben. Die Hitze ist unerträglich. Während ich regungslos auf dem Boden kauere und zwischen zwei Ästen hindurchstarre, sehe ich, wie ein kleiner Junge mit einem Becher in der Hand auf mich zukommt. Er reicht ihn mir hoch. Ich schüttele mit dem Kopf. Um keinen Preis in der Welt werde ich das Zeug trinken. Egal, ob ich verdurste. Dann deutet er mir an, dass der Inhalt ungefährlich ist. Er nimmt einen kleinen Schluck, wartet einen Moment, dann lächelt er und reicht mir den Becher ein zweites Mal hoch. Ob das Getränk wirklich harmlos ist? Der Junge sieht nett aus. Und doch ist Vorsicht angesagt. Mein Durst ist stärker. Gierig reiße ich ihm das Getränk aus der Hand, sodass ich dabei ein wenig verschütte. Mir ist jetzt alles egal. Ich will nur noch trinken. Ich will fühlen, wie sich diese Erfrischung den Weg durch meine Speiseröhre bahnt. Mit einem Schluck stürze ich den fruchtig süßen Saft herunter. Als ich meine Augen wieder öffne und den Becher von meinen Lippen löse, spuckt der Junge seinen Schluck auf den ausgetrockneten Waldboden aus. Ich starre ihn fassungslos an. In meinem Kopf fängt sich alles an zu drehen, und bevor mir schwarz vor Augen wird, höre ich nur noch das hämische Lachen boshafter Überlegenheit.

Tom schläft ein: 7

211 – CCXI

Vielleicht habe ich in der Stadt mehr Glück. Am Anlegesteg steht der Fährmann vor seinem Boot und gönnt sich einen großen Schluck Bier aus seiner ledernen Flasche. Vor dem Steg ist ein hölzernes Schild mit der Aufschrift

angebracht.
»Entschuldigen Sie bitte, ich möchte gern auf die andere Seite des Ufers. Ich muss in die Stadt. Haben Sie noch einen Platz frei?«
»Ja sicher, hast du eine Mark?«
Ich reiche ihm mein Markstück.

Tom bezahlt eine Mark Fahrgeld.

»Lederner Geldbeutel, –1«

Dann weist er mit einer Hand auf sein Boot und sagt: »Steig schon mal ein! Wir warten noch einen Moment, dann legen wir ab.«
Ich steige ein und lasse mich auf einer der Holzbänke nieder. Endlich sitze ich. Ich spüre den leichten Schmerz in meinen Beinen. Ach, es tut so gut, nach solchen Anstrengungen zu sitzen. Cool, dass es eine Fähre gibt. So spare ich den langen mühsamen Weg. Es steigen noch einige Leute zu, teilweise mit buntem Gepäck oder Ware, die auf dem Markt verkauft werden soll. Es wird ziemlich voll und schon bald setzt sich das Boot in Bewegung.

Tom hat bei der Überfahrt neue Kräfte sammeln können.

| »+20«

Die Fährfahrt hat nur eine Viertelstunde gedauert, nach weiteren fünf Minuten durchquere ich das Stadttor. Es führt nicht direkt in das Stadtinnere, ich muss noch ein Stück auf einem unbefestigten Weg gehen, an dem Schafe grasen. Auf der anderen Seite bilden kleinere Fachwerkhäuser die äußere Stadtgrenze. In unterschiedlichen Abständen zwischen den Häusern führen schmale Gassen zur Stadtmitte hin. Aus den mit Mauern umgebenen Hinterhöfen dringen Laute von Schweinen, Hühnern und Gänsen. Aber es sind nicht nur die Haustiere, die Geräusche machen, auch das Hämmern und Sägen der Handwerker, die zu dieser Zeit fleißig am Ausbau ihrer Städte arbeiten, ist zu hören.

➡ Tom geht über die Hauptstraße bis zum Marktplatz: 174

➡ Tom geht durch die engen Gassen zum Marktplatz: 51

212 – CCXII

He, langsam nervt mich das. Geht es denn hier überhaupt nicht weiter?

| Tom geht zurück: 26

213 – CCXIII

Toms Gesundheit ist so stark in Mitleidenschaft gezogen, dass er sich nicht mehr auf den Beinen halten kann. Damit ist sein trauriges Schicksal besiegelt und das Abenteuer an dieser Stelle leider schon zu Ende.

Hey, was ist denn nun los? Spinn ich oder ist hier wirklich schon Schluss? Ich hab doch noch nicht alle Pergamentteile gefunden. Tatsächlich, hier ist das Ende. So ein Mist, dabei war ich gerade so gut in Form. Aber was soll's. Für mich ist das kein Problem. Ich werde die Schnipsel mit dem Zauberspruch schon noch finden. Am besten, ich leg gleich noch mal los. Du wirst mir doch bestimmt wieder helfen, oder? Also, wir treffen uns dann wieder in Opas Erfinderkammer auf Seite 16.

214 – CCXIV

Cool, wieder einer dieser hölzernen Wegweiser. Offensichtlich wimmelt es hier nur so von Handwerkern. Vielleicht habe ich Glück und finde hier in der Stadt einige der Pergamentteile. Ich sollte mich genauestens umsehen.

➡ Tom hat zwei Mark oder mehr in seinem ledernen Geldbeutel und kauft sich an einem Marktstand etwas zu essen: 244

➡ Tom verlässt die Stadt wieder: 150

215 – CCXV

Halt, ich habe mich wieder verlaufen. Der Pfad endet hier.

| Tom geht zurück: 57

216 – CCXVI

Wahrscheinlich ist es meine Entschlossenheit und mein Mut, der mich davor gerettet hat, Beute der Trolle zu werden. Sie flüchten ängstlich in den Wald. Für einen kurzen Moment bin ich kaum in der Lage, klar zu denken. Mir fällt nur die Warnung der alten Frau ein. Deshalb zögere ich auch nicht länger und mache sofort kehrt. Ich hätte gleich auf sie hören sollen.

| Tom verliert an Stärke und Gesundheit.

| »–10«

| »–15«

| Wenn Tom das magische Kraut »Schlangenwurz« dabeihat, kann er damit die Bisswunden der Trolle heilen. Für jeden Stängel des Krauts, den er verwendet, erhält er fünf Gesundheitspunkte.

| »Schlangenwurz, –?«

| »+? mal 5«

(? = Anzahl der Stängel »Schlangenwurz«)

➡ Tom hat keine Gesundheitspunkte mehr: 226

➡ Tom kehrt um und geht in die andere Richtung: 186

217 – CCXVII

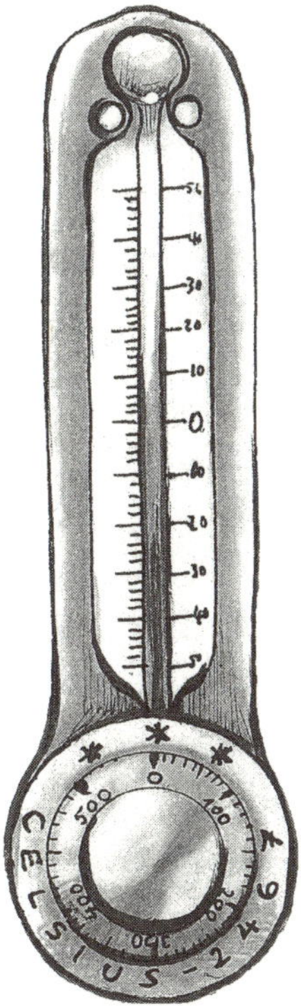

In der einen Ecke des Raumes, im Schatten des Kerzenlichts, entdecke ich ein Thermometer. Auf den ersten Blick sieht es wie ein gewöhnliches Thermometer aus, aber es hat am unteren Ende einen Drehregler mit einer merkwürdigen Beschriftung.

Solange ich den Regler hin- und herdrehe, passiert gar nichts. Komisches Ding. Ratlos starre ich auf die merkwürdige Skala. Da erkenne ich plötzlich einen Hinweis, der in den Ring um den Regler eingraviert ist. Jetzt verstehe ich: Das ist eine Art Verschluss. Je länger ich auf den eingravierten Text starre, desto klarer wird mir, wie ich dieses Rätsel zu lösen habe. Es ist ganz einfach. Ich brauche nur die Notiz von meinem Opa mit den römischen Zahlen. Wenn ich den Regler auf die Lösung einstelle, müsste ich mit dem Verschluss etwas öffnen.

? | »Thermometer«

218 – CCXVIII

Zwischenzeitlich habe ich unbemerkt meinen Teleskopdolch aus dem Rucksack geholt. Während zwei Kinder nach dem Rucksack greifen wollen, löse ich den Teleskopmechanismus aus. Die Kinder erschrecken sich und springen zur Seite. Auch die beiden Frauen mit den Schwertern stellen sich in Position. Sie rufen ihre Kinder beiseite, damit sie während unseres Kampfes nicht versehentlich verletzt werden. Das ist mir nur recht. Obwohl ich nicht weiß, was sie mit mir vorhaben, möchte ich dennoch kein Kind auf dem Gewissen haben. Mittlerweile bin ich froh, dass ich mich für einen Kampf entschieden habe, denn die Kinder werden sich nicht einmischen und die Anführerin ist scheinbar zu alt, um mit einem Schwert zu kämpfen. So steht die Chance immer noch zwei zu eins. In diesem Moment ruft die alte Frau: »Sei vernünftig, Junge! Wir wollen dich nicht verletzen. Stecke deinen Dolch wieder ein!« Für wie blöd hält die mich eigentlich. Ich habe genau gesehen, dass sie einer der Frauen zugeblinzelt hat. Als ich mich mit einem kurzen Blick davon überzeugt habe, dass hinter mir niemand steht und mir den Weg versperren könnte, gehe ich mit langsamen Schritten rückwärts auf den Wald zu. Vielleicht kann ich auch ohne Kampf entkommen – was mir weitaus angenehmer wäre. Ich bemerke, wie die beiden Frauen nervös werden. Vorsicht ist angesagt. Wahrscheinlich wären sie im Notfall bereit alles zu tun, um zu verhindern, dass ich fliehen kann. In diesem Augenblick stürzt die kleinere der beiden Frauen auf mich zu. Es wäre sinnlos, mir jetzt zu wünschen nicht hier zu sein. Ich denke an meine Eltern, Winni und Nadine aus meiner Klasse. Mit einer Mischung aus Wut und Angst brülle ich laut los und schlage wild mit dem Dolch herum, damit ich sie möglichst weit zurückdrängen kann. So will ich einen Vorsprung erzwingen, um im geeigneten Moment davonlaufen zu können.

| »Diebesfrauen, Stärke 5«

➡ Leider haben die Frauen Tom überwältigt. Er verliert an Stärke: 210

| »–20«

➡ Tom hat es geschafft, die Frauen und Kinder zurückzudrängen und in den Wald zu fliehen. Er verliert wegen der Anstrengung an Stärke: 220

| »–20«

219 – CCXIX

Endstation, auch hier geht's nicht weiter.

| Tom geht zurück: 129

220 – CCXX

Geschafft. Ich laufe so schnell ich kann. Die dicht stehenden Bäume und ihre tief gewachsenen und stark belaubten Äste erschweren mir das Durchkommen. Da drüben in der Mulde kann ich mich verstecken. Für meine Verfolger müsste es eh schwierig sein, mich im dicht bewachsenen Wald zu erwischen. Ich werde mich hier ei-

nen Moment verstecken. Da fällt mir auf, dass keine Stimmen mehr zu hören sind. Na klar, ich bin ja auch ziemlich schnell drauflosgerannt. Ob sie mich bereits aufgegeben haben? Ich will lieber kein Risiko eingehen und noch etwas warten. Nach einer Weile spüre ich meine Füße kaum noch. Sie sind eingeschlafen. Außerdem schmerzen meine Kniekehlen. Vielleicht sollte ich mich weiter auf den Weg machen. Gerade als ich mich aufrichten will, höre ich Stimmen. Ich erstarre vor Schreck. Mein Herzschlag pocht bis in meine Ohren. Ich drehe meinen Kopf leicht hin und her, um die Richtung, aus der die Stimmen zu mir herüberdringen, besser orten zu können. Leider bestätigt sich meine Befürchtung, sie haben mich noch nicht aufgegeben. Ich kann sie deutlich hören. Was mich allerdings stutzig macht, ist, dass sie wild miteinander plappern. Sie sind ganz schön leichtsinnig. Sie sollten wissen, dass sie mich mit ihrem Gebrabbel warnen. Aber vielleicht ist das ja auch nur ein Trick, um mich direkt in die Hände der Kinder zu treiben, die stumm auf der anderen Seite auf mich warten. Ich bin mir nicht sicher, soll ich hier in der Mulde bleiben oder weiterziehen?

➡ Tom bleibt in seinem Versteck: 120

➡ Tom zieht vorsichtig weiter: 98

221 – CCXXI

Ich reiße all meinen Mut zusammen und gehe zum Hauseingang, um nachzusehen, wer sich dort versteckt. Vorsichtig wage ich einen Blick hinein und sehe, wie ein kleines Mädchen in der Ecke kauert. Mir entfährt ein Riesenseufzer. Dann beuge ich mich hinunter und frage. »Was ist passiert? Bist du weggelaufen?«
Das Mädchen scheint mich nicht zu hören. Es antwortet nicht.
»Du brauchst keine Angst vor mir zu haben, ich werde dir nichts tun.«

In diesem Augenblick hallt ein lauter Ruf durch die Gassen: »Haltet den Dieb!«
Das Mädchen in der Ecke zuckt zusammen. Dann wendet es sich mir zu und sieht mich Hilfe suchend an. »Aber ich habe doch Hunger. Sie können mich dafür nicht bestrafen.«
»Wer wird dich bestrafen?«
»Der Schwarze Ritter hat angeordnet jeden Dieb für sieben Tage auf dem Marktplatz an den Pranger zu stellen. Bitte gib mir etwas zu essen und lass mich gehen! Sonst bin ich die Nächste.«
»Natürlich werde ich dich gehen lassen.«
➡ Tom hat einen Apfel dabei und gibt ihn dem Mädchen: 49
➡ Tom hat keinen Apfel dabei: 209

222 – CCXXII

Nach wenigen Schritten teilt sich der Pfad wieder in drei Richtungen.
➡ Tom geht nach links: 63
➡ Tom geht geradeaus: 35
➡ Tom geht nach rechts: 147

223 – CCXXIII

Ich steuere auf den Hauptturm zu, da stellt sich mir ein Wachtposten in den Weg: »Halt, ohne Erlaubnis kannst du hier nicht herein!«
Obwohl ich Krankheiten nicht ausstehe, kann so ein lahmender Fuß sehr nützlich sein. Schließlich muss ich dringend mit D'Elmas sprechen.
»Entschuldigen Sie, aber ich muss dringend zum Medicus. Ich ha-

be einen Termin. Sehen Sie, ich habe bei der Heuernte mein Bein verletzt.«

Das habe ich gut gesagt, nicht? Ich zeige ihm meinen Fuß und stoße einen kleinen wehleidigen Schmerzensschrei aus. Dabei bewege ich mich so ungeschickt, dass ich beinahe gefallen wäre, hätte der Wachtmann mich nicht gestützt. Und genau das muss ihn überzeugt haben, denn er nickt nur kurz und geht zur Seite.

Ich bin überrascht: »Darf ich durch?«

»Ja, geh! Aber beeil dich!« Ohne Kommentar zeige ich auf meinen Fuß. Genervt sagt der Mann nur: »Dann gehe halt so schnell du kannst! Du weißt, in welchem Zimmer du den Medicus findest?«

»Ja, vielen Dank, ich kenne den Weg!«

Endlich darf ich mir mal so richtig einen in die Tasche lügen. Schließlich will ich wieder nach Hause. Und ohne meinen Auftrag ausgeführt zu haben, kann ich eh nur davon träumen. Außerdem sind Notlügen nicht verboten, oder?

| Tom betritt den Hauptturm: 103

224 – CCXXIV

Hier geht's wieder nicht weiter.

| Tom geht zurück: 187

225 – CCXXV

Ich glaube zwar nicht, dass sie mich vergiften will, aber soll ich wirklich ihr Wunderwässerchen trinken? Außerdem sieht die bläulich schimmernde Brühe ekelhaft aus.

Samia dreht sich zu mir um, lächelt mich mit strahlenden Augen

an und reicht mir das dampfende Kräutergemisch. Plötzlich habe ich so einen blöden Gedanken: Was wäre, wenn sie eine Anhängerin des Schwarzen Ritters ist. Ich hätte kaum Chancen, ihr zu entkommen. Die Kräuterhexe scheint meine Angst zu spüren. Während sie mir den Keramikbecher reicht, versucht sie mich zu beruhigen: »Du brauchst dich vor mir nicht zu fürchten! Sieh hier, das habe ich für dich aus meinem Geheimkästchen geholt.«
Sie zeigt mir ein gelb-braun schimmerndes Stück Papier auf dem seltsame Wörter aufgeschrieben sind:
DER KLINGE DIESES GLÜHENDEN SCHWERTES 
»Es ist ein Teil des Pergaments mit dem Zauberspruch. Viele Jahre habe ich darauf gewartet, bis die Prophezeiung wahr wird und derjenige kommen wird, dessen Bestimmung es ist, dieses Teil an sich zu nehmen. Es wurde berichtet, dass sich ein Mann jungen Alters auf eine gefahrvolle Reise – losgelöst von gestern, heute und morgen – begeben wird, um den Fluch des Schwarzen Ritters zu brechen und unser Land von der bösen Magie zu befreien.«
»Aber wer sagt Ihnen, dass ich der junge Mann bin?«
Samia zeigt auf mein weinrotes Cap mit der Aufschrift NYC und sagt: »Deine Kopfbedeckung und der seltsame Knopf in deinem Ohr haben es mir verraten.«
Mist, sie hat meinen Spracheübersetzer gesehen.
»Aber komm, trink erst einmal deine Medizin!«
Kaum habe ich einige Schlucke des süßlich duftenden Gebräus zu mir genommen, sind sofort die Schmerzen in meinem Kopf verflogen. Auch mein Schwindel ist vorüber. Ich fühle mich wie neugeboren. Während ich den letzten Schluck aus dem Keramikbecher leere, sagt sie: »Ich habe mir erlaubt deine Flasche mit frischem Wasser zu füllen. Und hier, nimm diese drei Stängel Schlangenwurz. Sie heilen Wunden, die dir bisswütige Trolle zugefügt haben. Ich habe dich gerade schon damit behandelt.«

Tom erhält drei Stängel des magischen Krauts »Schlangenwurz«.

»Schlangenwurz,
Trollbissheiler, +3«

Tom hat von Samia eine Medizin bekommen, die ihm seine ganze Stärke wiedergibt.

»100«

Samia füllt Toms Feldflasche mit frischem Wasser und schenkt ihm drei Äpfel.

»Apfel, +3«

Ich verschnüre meinen Rucksack und schnalle ihn auf den Rücken. Dann habe ich plötzlich das Gefühl, die Kräuterhexe umarmen zu müssen. Vielleicht, weil sie eine Verbündete ist und ich in ihrer Nähe ein angenehmes und sicheres Gefühl habe. Immerhin steht sie auf meiner Seite. Sie ist ebenso überrascht wie ich, als ich sie fest an mich drücke.
»Danke, Samia, für alles!«
»Ach Tom, wir danken dir! Du hast eine gefahrvolle Mission zu erfüllen. Halte durch! Du bist unsere ganze Hoffnung. Und nun leb wohl! Wenn du mal wieder in der Nähe bist, komm mich einfach besuchen! Für dich steht meine Tür immer offen.«
Wenn ich ehrlich bin, fällt mir der Abschied schwer. Sie hat große Ähnlichkeit mit meiner Oma. Während ich Samias Hütte verlasse, sehe ich mich noch einmal zu ihr um. Doch erst als ich die Tür hin-

ter mir schließe, fällt mir auf, dass sie meinen Namen wusste, ohne dass ich ihn ihr verraten habe. Nun ja, wer weiß, wozu Kräuterhexen alles in der Lage sind? Dann mache ich mich auf die Socken. Jetzt wo ich Samia kennen gelernt habe und weiß, dass ich immer wieder zu ihr gehen kann, fühle ich mich stark.
Nach ein paar Metern im Dickicht der Bäume treffe ich wieder auf den Trampelpfad. In welche Richtung soll ich denn jetzt gehen?

➡ Tom geht nach links: 47

➡ Tom geht nach rechts: 22

226 – CCXXVI

> Tom hat die Stärke der Trolle unterschätzt und keine Chance gehabt, diesen bitteren Ausgang zu verhindern. Damit ist sein trauriges Schicksal besiegelt und das Abenteuer an dieser Stelle leider schon zu Ende.

Hey, was ist denn nun los? Spinn ich oder ist hier wirklich schon Schluss? Ich hab doch noch nicht alle Pergamentteile gefunden. Tatsächlich, hier ist das Ende. So ein Mist, dabei war ich gerade so gut in Form. Aber was soll's. Für mich ist das kein Problem. Ich werde die Schnipsel mit dem Zauberspruch schon noch finden. Am besten, ich leg gleich noch mal los. Du wirst mir doch bestimmt wieder helfen, oder? Also, wir treffen uns dann in Opas Erfinderkammer auf Seite 16.

227 – CCXXVII

Eigentlich bin ich ja ganz schön übergeschnappt, dass ich freiwillig wieder in den Wald hineingehe. Aber wenn es denn sein muss. Winni, mein Freund, würde sicher, ohne mit der Wimper zu zu-

cken, hier reinspazieren und nur darauf warten, von irgendeinem Wesen zum Kampf herausgefordert zu werden, aber ich? Na ja, ich bin nicht sonderlich scharf darauf. Bevor ich jedoch losmarschiere, sollte ich mich vielleicht etwas stärken.

Tom überlegt sich, ob und mit wie vielen Äpfeln er sich stärken soll. Er wählt zwischen einem, zwei oder drei Äpfeln:

➡ Tom isst einen Apfel.

»Apfel, –1«

»+10«

➡ Tom isst zwei Äpfel.

»Apfel, –2«

»+20«

➡ Tom isst drei Äpfel.

»Apfel, –3«

»+30«

Ah, da vorne ist ein Wegweiser.

Tom geht zum Wegweiser: 110

228 – CCXXVIII

»So wir sind da, junger Mann. Dort drüben im Bergfried wirst du den Medicus finden.«

»Vielen Dank, aber meinem Bein geht es schon viel besser. Ich werde Ihnen beim Abladen helfen. Es ist sicher sehr anstrengend, die vielen Heustapel allein abzuladen.«

»Das ist richtig, doch solltest du besser dein verletztes Bein schonen.«

So schnell lasse ich mich nicht abwimmeln. Irgendwie muss ich mich ja erkenntlich zeigen.

»Mein Bein ist krank, nicht aber meine Arme. Es geht schon. Kommen Sie, zu zweit geht es viel schneller.«

Das lässt sich der Bauer nicht ein zweites Mal sagen. Er nickt kurz. »Du musst es wissen. Ich freue mich natürlich über deine Hilfe. Stell dich da drüben hin! Stapele die Säcke, die ich hinunterwerfe, gut auf. Den Rest erledigen nachher die Bediensteten des Hofes.«

Obwohl ich nicht bereue meine Hilfe angeboten zu haben, mache ich drei Kreuze, als der Ochsenkarren endlich abgeladen ist.

Tom verliert durch diese anstrengende Arbeit an Stärkepunkten.

»–5«

Bevor der Bauer jedoch Anstalten macht sich auf den Karren zu setzen, um seinen Rückweg anzutreten, sagt er: »Stütz dich auf mich, ich bringe dich rüber zum Hauptturm!«

Mit meinem linken Arm greife ich über seine Schulter. In diesem Moment rutscht der Ärmel seines Leinenhemdes hoch, sodass ich auf der Haut seines Oberarmes ein Symbol erkenne. Das kenne ich doch irgendwoher? Habe ich das nicht schon einmal gesehen? Da

ich es jedoch nicht richtig einordnen kann, mache ich mir weiter keine Gedanken darüber.

Als wir an den Eingang des Hauptturms gelangen, hält uns ein Wachtposten an. »Halt, wohin wollt ihr?«

»Dieser junge Mann hat sich bei der Feldarbeit verletzt, lasst ihn durch, er muss schnell zum Medicus und behandelt werden.«

Der Wachtposten schaut mich prüfend an, geht dann einen Schritt zur Seite und lässt mich passieren.

Der Bauer macht sich meinetwegen Sorgen: »Und du meinst, du findest den Medicus ?«

»Ja, machen Sie sich keine Sorgen, mit Ihrer Hilfe bin ich ohnehin schon ein großes Stück weitergekommen. Vielen Dank.«

»Nun gut, du musst es wissen.« Damit dreht sich der hilfsbereite Mann um und geht zurück zu seinem Ochsenkarren.

Tom betritt den Hauptturm: 103

229 – CCXXIX

Der Dieb schiebt mich zurück auf den Trampelpfad, von dem aus ich hier auf dem Waldweg gelandet bin. Bereits nach einigen Schritten zwischen dichtem Geäst zerrt er plötzlich an mir, als wäre ich ein Hund, der sich zu weit von seinem Herrchen entfernt hat.

»Passen Sie doch auf! Das tut weh!«

»Halt die Klappe!«

Er zieht ein Tuch aus seiner Tasche, das genauso schmuddelig ist wie er. Was hat er vor? Nein! Mit dem stinkenden Etwas bindet er mir die Augen zu. Wahrscheinlich will er nicht, dass ich sehe, welchen Weg er benutzt. Aber muss das mit diesem Putzlappen sein? Und bitte nicht über meine empfindliche Nase!

»Los weiter!«

Jaja, ich gehe ja schon. Immer wieder schubst er mich vorwärts. Allerlei verschiedene Fluchtmanöver schwirren mir durch den Kopf. Doch was ist das? Deutlich vernehme ich jetzt Stimmen. Erst bin ich mir nicht sicher, weil das blöde Tuch meine Ohren verdeckt. Da, schon wieder. Es ist eine Mischung aus bösem Grunzen, fröhlichem Sprechgesang und herzhaftem Lachen. Ja, jetzt höre ich es ganz deutlich . . . Stimmen von Erwachsenen und Kindern! Sie klingen fröhlich. In diesem Augenblick bleibt er stehen. Mein Begleiter wirkt nervös.

»Los runter mit dir!«

Mist, dass ich überhaupt nichts sehen kann. Aua! Er drückt mich an den Schultern hinunter. Wir gehen in die Hocke. Sicherlich versteckt er sich vor den Fremden, um nicht entdeckt zu werden.

»Psst, leise!«, befiehlt er.

Ob ich diese Gelegenheit nutze, um mich von ihm zu befreien?

➡ Tom nutzt die Chance und will auf sich aufmerksam machen, um fliehen zu können: 136

➡ Tom gehorcht dem Dieb und verhält sich still: 84

230 – CCXXX

Ich sehe den jungen Glücksspieler fragend an. Ist der verrückt oder will er mir irgendetwas sagen? Immerhin kannte er meinen Namen. Mir wird die Sache langsam unheimlich. Also stecke ich den Papierschnipsel schnell ein und verabschiede mich. Bloß weg hier. Ich drehe mich um, doch der Glücksspieler hält mich am Arm fest und flüstert mir zu: »Du solltest Glücksspiele künftig meiden, nicht jeder wird dir zu solch unschätzbaren Reichtümern verhelfen. Nun geh, schnell!« Wie auf Kommando bilden die eben noch dicht aneinander gedrängten Zuschauer eine kleine Schneise. Merkwürdig, mir ist auf einmal, als hätten sie alle gewollt, dass ich

das kleine Stück Papier an mich nehme. He, da drüben ist ein Brunnen. Ich werde mich dort einen Moment ausruhen und nachsehen, was auf dem Schnipsel geschrieben steht.
Am Brunnen angelehnt, falte ich das geheimnisvolle Papier auseinander. Was ist das? Auf jeden Fall kein Rezept, sondern nur seltsame Wörter:
NUR DER ATEM DES GESPROCHENEN ZAUBERS AUF 
Was bedeutet das? Mein Herz schlägt schneller. Sollte dies ein Teil des gesuchten Zauberspruchs sein? Eines der kostbaren Pergamentstückchen? Ich kann es nicht fassen. Das ist ja unglaublich. Ich sehe mich verstohlen nach dem Glücksspieler um, aber er ist spurlos verschwunden. Die Menschenmenge hat sich auch schon aufgelöst. Schnell verstaue ich das Pergamentteil sicher in meinem Rucksack. Mir ist noch ganz schwindelig. Langsam stehe ich auf. Drüben am Rand des Marktplatzes sehe ich einen Wegweiser. Er wird mir helfen mich zu orientieren.

Tom geht zum Wegweiser: 167

231 – CCXXXI

»Tom, du bist es. Herzlich willkommen! Es ist immer eine Freude, dich wieder zu sehen.«
»Wenn es Ihnen keine Umstände macht, würde ich mich gern einen Moment ausruhen.«
»Im Gegenteil!«
Sie greift mich herzlich an meinen Armen und schiebt mich auf einen Stuhl. Mittlerweile habe ich mich an Samias Gastfreundschaft gewöhnt. Sie hat gerade frisches Fladenbrot gebacken und reicht mir ein großes Stück mit Käse auf einem Zinntablett. Daneben stellt sie einen Keramikbecher mit frischem Traubensaft. Dann nimmt sie mir gegenüber am Tisch Platz und lehnt ihren Kopf auf

die Hand. Sie erinnert mich an meine Oma, die auch immer so dasitzt, wenn sie mein Lieblingsessen zubereitet hat und zusieht, wie ich genieße.

Tom hat gegessen und getrunken und sich ausgeruht.

»100«

Samia füllt Toms Feldflasche mit frischem Wasser und schenkt ihm drei Äpfel.

»Apfel, +3«

»Ach, ich sehe schon. Ich habe deinen Geschmack getroffen. Wenn du magst, kannst du gern noch mehr haben. Du weißt ja, wer im Wald leben kann, braucht kein Geld.«
»Aber weshalb verkaufen Sie dann Ihre Kräuter, wenn Sie ganz auf Geld verzichten können?«
»Oh, das ist leicht zu beantworten. Erstens, weil mir das Kräutersammeln großen Spaß macht, und zweitens sammle ich so viel, dass mein Lager überquellen würde, wenn ich nicht regelmäßig auf den Markt gehen würde und die Kräuter verkaufen.«

➡ Tom hat noch etwas Geld und beschließt Kräuter zu kaufen: 164

➡ Tom hat entweder nicht mehr genug Geld oder er will keine Kräuter kaufen und macht sich wieder auf den Weg: 91

232 – CCXXXII

Mit zittrigen Händen greife ich nach der Trollpfeife, die ich griffbereit um meinen Hals gehängt habe, und blase kräftig hinein. Panisch und mit schmerzverzerrten Gesichtern stürzen die widerlichen Kreaturen auseinander, wieder in den Wald hinein. Für einen kurzen Moment bin ich kaum in der Lage, klar zu denken. Das war knapp. Dann fällt mir die Warnung der alten Bäuerin ein. Ich hätte auf sie hören sollen. Ich beschließe umzukehren und marschiere los.

| Tom kehrt um: 186

233 – CCXXXIII

Ich öffne die Tür zur Schusterei. Es scheint niemand da zu sein. Ich werde warten und mich solange hier umsehen. Im hinteren Raum, in dem sich die Werkstatt des Schusters befindet, sind noch die Fensterläden geschlossen. Eine Kerze auf dem Tisch flackert vor sich hin. Ich warte und wundere mich, dass sich der Schuster so viel Zeit lässt. Es ist ziemlich leichtsinnig von ihm, sein Haus einfach offen stehen zu lassen. Aber vielleicht war das früher so, da kannten sie wohl noch keine Einbrüche. Ich sollte vielleicht mal auf mich aufmerksam machen: »Hallo, ist hier jemand!«

Nichts rührt sich. Es scheint wirklich niemand da zu sein.

➡ Tom geht wieder: 162

➡ Tom bleibt und sieht sich weiter um: 118

234 – CCXXXIV

Hey, hier teilt sich der Pfad schon wieder in drei verschiedene Richtungen.

➡ Tom geht nach links: 35

➡ Tom geht weist geradeaus: 65

➡ Tom geht nach rechts: 245

235 – CCXXXV

Während der Hofschmied die Klinge des noch glühenden Schwertes in seine Form bringt, spricht der weiße Magier zwischen den gleichmäßigen Hammerschlägen den Zauberspruch: »Nur der Atem des gesprochenen Zaubers auf der Klinge dieses glühenden Schwerts gibt uns die Kraft, der schwarzen Macht auf ewig zu widerstehen.«

Das eiserne Schwert beginnt sich aufzulösen, es flimmert wie eine Luftspiegelung, um sich dann in Form eines Wirbels zur Decke der Werkstatt zu erheben, wo sich die Erscheinung schließlich in Luft auflöst. Im selben Moment erscheint an derselben Stelle ein neuer Wirbel, der mit jeder langsamer werdenden Drehung ein goldenes Schwert zu erkennen gibt. Als der Wirbel zum Stillstand kommt, sieht D'Elmas mich feierlich an und sagt andächtig: »Du hast es geschafft. Wir stehen tief in deiner Schuld.«

Ich werde verlegen. So hat mich noch nie jemand gelobt. Als ich zu dem Hofschmied hinüberblicke, sehe ich Tränen in seinen Augen. Doch ich will nur noch eines, schnellstens wieder nach Hause. Als könnte D'Elmas Gedanken lesen, sagt er: »Du möchtest jetzt sicher zu deiner Zeitmaschine, nicht wahr?«

»Ja, ich freue mich schon auf zu Hause.«

»Dann lass uns keine Zeit verlieren!«

Wir verlassen die Werkstatt des Hofschmieds und gehen über den

belebten mittleren Burghof zum hinteren Burghof. Die Leute schauen mich ehrfürchtig an und verstummen dort, wo wir vorbeikommen. Vor einer Scheune macht D'Elmas Halt. Wir gehen hinein. Und drinnen, versteckt unter einem Stapel Heu, steht sie, meine geliebte Zeitmaschine. Ich freue mich schon riesig darauf, wieder nach Hause zu kommen.

Der Magier gibt mir die Hand und sagt: »Wir sind dir unendlich dankbar. Leb wohl, Tom!«

»Auf Wiedersehen!«, flüstere ich gerührt.

»Auf Wiedersehen, pass auf dich auf!«

❙ Tom fliegt wieder nach Hause: 112

236 – CCXXXVI

Nur gut, dass ich das Angebot des Bauern angenommen habe. Der Ochsenkarren kommt zwar nur langsam voran, aber dies ist auf jeden Fall bequemer als bis zur Burg zu humpeln. Der Bauer spricht kaum ein Wort mit mir. So kann ich mir meine Gedanken machen. Auf der Burg hoffe ich D'Elmas zu finden. Das Rätsel ist noch nicht gelöst. Schweigend erreichen wir nach einer Viertelstunde die Burg. Am Burgtor winkt der Wachtposten dem Bauern zu und lässt uns ohne Kontrolle passieren. Wir holpern über eine hölzerne Zugbrücke, die über einen tiefen Burggraben führt. Viele Bauern mit oder ohne Waren gehen hier ein und aus. Wir durchqueren den unteren Burghof, gelangen zu einem zweiten Tor und schließlich zu unserem Ziel, dem mittleren Burghof. Auf der rechten Seite steht der Bergfried, der hohe Hauptturm dieser Burg. Dort drinnen lebt der Burgherr mit seiner Familie. Der Bauer stoppt den Ochsenkarren. Wir steigen ab.

➡ Tom hilft abzuladen: 228

➡ Tom hat es eilig, er hat keine Zeit zu helfen: 19

237 – CCXXXVII

Hey, hier teilt sich der Pfad schon wieder in drei verschiedene Richtungen.

➡ Tom geht nach links: 204

➡ Tom geht geradeaus: 17

➡ Tom geht nach rechts: 3

238 – CCXXXVIII

Ich bin heilfroh, dass er auf meinen Trick hereingefallen ist. Na ja, wenn man doof ist. So habe ich wenigstens meinen Rucksack gerettet. Vorsichtig greife ich hinein, ohne dabei sein Schwert aus den Augen zu lassen. Jetzt, wo ich die ***Pest*** am Hals habe, kann ich die Gelegenheit nutzen und auch gleich einen Teil meines Geldes retten. Eine Mark muss für ihn reichen. Mehr kriegt er aber nicht. Begeistert scheint er nicht zu sein.

»Was, ist das alles? Eine lächerliche Mark!«

»Ja, mehr habe ich nicht. Oh, bitte lassen Sie mich am Leben!«

»Du musst doch noch mehr haben. Ich glaube dir nicht!«

»Bitte, sehen Sie selbst nach, guter Mann, aber lassen Sie mich am Leben!«

Während es mir langsam Spaß macht, den jammernden Angsthasen zu spielen, halte ich ihm zur Krönung meines Schauspiels auch noch den »verpesteten« Rucksack vor die Nase. Den wird er garantiert nicht in die Hand nehmen und nach mehr Geld durchsuchen.

Mit seinem Schwert sticht er, rot angelaufen vor Wut, einmal kurz in meine Richtung und brüllt: »Nimm das Teufelszeug weg! Und verschwinde hier, ich will dich nie wieder sehen. Und . . . sollten wir uns noch einmal begegnen, dann spieße ich dich gleich auf!«

»Und was ist jetzt mit der Mark?«

Oje, die Frage war überflüssig.
»Mach . . . dass . . . du . . . wegkommst!!!«
Ich sollte abhauen.

Tom läuft jetzt los, um in die Stadt zu gelangen: 121

239 – CCXXXIX

Weshalb ist Samia nur so hilfsbereit? Was hat sie mit mir vor? Solange ich überlege, komme ich immer wieder zu dem Entschluss, dass sie für ihre Hilfsbereitschaft einen guten Grund haben muss. Mir schwant nichts Gutes! Ich muss schleunigst weg hier. Noch ist sie zu sehr in ihre Arbeit vertieft, als dass sie etwas von meinem Vorhaben ahnen könnte. Vorsichtig neige ich mich zur Seite, um unauffällig meinen Rucksack zu greifen. Da fängt sie plötzlich an zu reden. Mist.
»Wenn du diese leckere Tinktur eingenommen hast, wirst du sehen, dass deine Schmerzen und deine Benommenheit in Windeseile verschwunden sind.«
In diesem Augenblick dreht sie sich zu mir um. Schnell kratze ich mich am Kopf, damit sie keinen Verdacht schöpft. An ihrem Gesichtsausdruck erkenne ich, dass sie etwas bemerkt haben muss. Während sie wortlos beobachtet, wie ich meine Stirn kratze, geht sie mit finsterer Miene zu einem Regal, das hinter einem roten Vorhang steht, um etwas hervorzuholen. Das Blut gefriert mir in den Adern. Es ist aus. Ich bin erledigt. Das ist mein Ende. Mit dem Rucksack in der Hand springe ich auf und renne zur Tür. Während ich die Tür schnell hinter mir schließe, um ihr die Verfolgung zu erschweren, ruft sie mir etwas nach, was ich in meiner Aufregung jedoch überhöre. Ich laufe so schnell ich kann zwischen den Bäumen hindurch, bis ich wieder zum Trampelpfad gelange. Nur in welche Richtung soll ich jetzt gehen?

➡ Tom geht nach links: 47

➡ Tom geht nach rechts: 22

240 – CCXL

»Äh, nein, vielen Dank. Ich muss sparen. Ich werde zu Fuß in die Stadt gehen.«

»Ah, du mal werden reich. Wenn in jungen Jahren sparen, dann in alten Tagen nicht verzagen! Hahaha, das sein Spruch von mir. Leb wohl!«

Mit einem heftigen Peitschenknall setzt sich sein mit riesigen Körben beladener Pferdekarren wieder in Bewegung.

»Ja, auf Wiedersehen!«

Oje, ich sollte mich auf die Socken machen. Auf geht's!

| Tom geht zu Fuß in die Stadt: 97

241 – CCXLI

| »Kerkeraufgabe«

Cool, es funktioniert. Mit lautem Krachen öffnet sich mitten in der Wand wie von Geisterhand eine Tür. Ich habe Angst, dass sie sich gleich wieder schließen wird. Also zwänge ich mich schnell durch den kleinen Spalt, den sie bereits freigegeben hat, und lande in einem der unteren Gänge. Das nenne ich Glück. Ich hätte nie gedacht, jemals wieder aus diesem stinkenden und feuchten Kerker herauszukommen. Jetzt aber nichts wie weg. Ich muss dringend D'Elmas finden und laufe die Stufen hoch, um in die nächsthöhere Etage zu ge-

langen. Am Ende des Ganges biege ich in den rechten Seitengang ein. Wo bin ich denn jetzt? An jeder Tür hängt ein Holzschild mit einer Nummer. Es kommt mir vor, als befände ich mich in einem Hotel. Wohnen Magier in Hotels? Ich muss den Alten ausfindig machen. Ob ich mich in den Zimmern einfach so umsehen kann?

➡ Tom sieht sich etwas genauer in den Zimmern um: 159

➡ Tom verlässt den Hauptturm: 176

242 – CCXLII

Bestimmt wimmelt es hier nur so von Tieren. Wer weiß, welche Bestien hier so Tag und Nacht durch den Wald schleichen und Zeitreisenden auflauern, um sie als Picknick zu verspeisen. Nicht dass ich Angst habe. Aber ist nicht gerade laufen gut für die Gesundheit? In der dritten Klasse wurde ich von hirnlosen Schlägertypen aus der Parallelklasse verfolgt. Ich bin gesund geblieben, denn ich war schneller als sie. Also stimmt diese Theorie.

| Tom läuft jetzt weiter bis zum Waldrand: 121

243 – CCXLIII

Mit einer Armbewegung zeige ich blitzschnell auf eine Stelle in den Bäumen hinter ihm und rufe laut: »Passen Sie auf, Spagettis!« Als er sich verwirrt umdreht, nutze ich die Gelegenheit und laufe los. Doch der Kerl ist nicht so doof, wie er mit seinen Haaren aussieht. Er läuft mir sofort nach.

➡ Wenn Tom 60 oder mehr Stärkepunkte hat, ist er schneller als der Dieb und kann ihm entkommen: 121

➡ Wenn Tom weniger als 60 Stärkepunkte hat, ist der Dieb schneller und holt ihn ein: 41

244 – CCXLIV

»Mmh . . . immer der Nase nach.« Ich folge einem verlockenden Duft und lande vor einem kleinen Marktstand. »Guten Tag!« Die freundliche Marktfrau lächelt mich an und fragt: »Ich sehe es dir an der Nasenspitze an. Du möchtest meine unübertroffenen Fleischpasteten kosten, stimmt's?«

»Ja, richtig. Wie viel kostet eine?«

»Nur zwei Mark, wie viele möchtest du?«

| Tom überprüft seine Finanzen.

➡ Tom kauft sich eine Fleischpastete.

| »Lederner Geldbeutel, –2«

➡ Tom kauft sich zwei Fleischpasteten.

| »Lederner Geldbeutel, –4«

➡ Tom kauft sich drei Fleischpasteten.

| »Lederner Geldbeutel, –6«

Ich krame das Geld aus meinem Geldbeutel und bezahle.

»Ah, du hast großen Appetit. Das ist gut. In deinem Alter solltest du gute Nahrung zu dir nehmen, damit du groß und stark wirst!«

Das sagt mein Onkel Hans auch immer. Die Marktfrau packt mir die Ware ein und reicht mir das Päckchen herüber.

Während ich mir den Magen voll schlage, sehe ich drüben auf der anderen Seite des Marktplatzes einen Wegweiser. Es kostet eine Menge Geduld, durch das Gedränge zwischen den Ständen möglichst schnell hindurchzukommen.

➡ Tom hat sich mit einer Fleischpastete gestärkt.

| »+10«

➡ Tom hat sich mit zwei Fleischpasteten gestärkt.

| »+20«

➡ Tom hat sich mit drei Fleischpasteten gestärkt.

| »+30«

➡ Tom geht zum Wegweiser: 167

➡ Tom kommt an einer Menschenansammlung vorbei und bleibt stehen: 83

245 – CCXLV

Hoppla, wo bin ich hier gelandet? Hier teilt sich der Pfad wieder in drei Richtungen.

➡ Tom geht nach links: 117

➡ Tom geht geradeaus: 89

➡ Tom geht nach rechts: 12

246 – CCXLVI

»Na gut . . . *schluchz* . . . Sie sollen mein Gepäck haben. Aber ich bin sehr traurig darüber, nur damit Sie es wissen. Es ist ein Erinnerungsstück an meinen Großvater. Gott habe ihn selig . . . er hatte die Beulenpest.«

Bei dem Wort Pest scheint es bei ihm zu klingeln.

»Dieses Gepäck ist das Einzige, was mir von ihm übrig geblieben ist . . . *wimmer!*« So, das müsste reichen. Sein Grinsen ist zur Grimasse geworden. Seine Augen zeigen Erschrecken. Na klar, ist ja gerade mal fünfzehn Jahre her, dass halb Europa dieser Seuche zum Opfer gefallen ist.

»Pest sagst du?«, fragt er angewidert.

»Ja . . . *heul,* ist das nicht grausam?«

Puh, wenn ich nicht ewig mit meinem Kumpel Winni auf seine kleine zickige Schwester hätte aufpassen müssen, könnte ich jetzt nicht so filmreif heulen wie sie. Hey, super, langsam lässt er sein Schwert wieder sinken.

»Na gut, du kannst dein Gepäck meinetwegen behalten. Gib mir wenigstens dein ganzes Geld! Wirf es vor mir in den Sand! Aber keine faulen Tricks. Ich bin flink . . . und mein Schwert ist scharf. Du verstehst?« Und ob ich verstehe.

➡ Tom hat Geld dabei. Er gibt es dem Dieb: 238

➡ Tom hat kein Geld dabei. Er kann es dem Dieb nicht geben und versucht zu fliehen: 82

247 – CCXLVII

Auf der linken Seite befindet sich eine Schänke. Sie heißt »Zum eisernen Ritter«. Ich traue mich nicht so recht da hineinzugehen. Wer weiß, ob sich da nicht Anhänger des Schwarzen Ritters aufhalten. Zu vermuten wäre es ja.

➡ Tom geht mutig in die Schänke hinein: 113

➡ Tom geht nicht in die Schänke hinein. Er war bisher noch nicht auf dem Marktplatz und sieht sich dort um: 206

➡ Tom geht nicht in die Schänke hinein. Er war bereits auf dem Marktplatz und geht deshalb direkt zum Wegweiser: 167

248 – CCXLVIII

Sosehr ich mich auch zur Wehr setze, es gelingt mir nicht, den dicken Ritter zu überwältigen. Er fesselt mich an den Armen. Dann befiehlt er: »Geh vorwärts, mein Sohn!«
»Ich bin nicht Ihr Sohn!«, sage ich wütend.
Er lacht nur hämisch. »Meine Freunde im Lager werden sich freuen.«
Wir gehen weiter den Trampelpfad entlang, bis wir zu einem Labyrinth gelangen, das ungebetene Gäste in die Irre führen soll. Langsam dämmert mir, dass der Ritter wohl zu den Dieben gehört.
Zielsicher schlägt der dicke Ritter die verschiedenen Richtungen ein, als würde er jeden Tag mindestens dreimal hier durchspazieren. Nach ungefähr zehn Minuten haben wir das Lager erreicht.
Gemeinsam betreten wir den großen Platz mit der Kochstelle. Die älteste der Frauen kommt uns bereits entgegen.
»Ah, unser Besucher!«
Der Ritter ist erstaunt und fragt: »Ihr kennt euch?«
»Sagen wir, er hat uns unsere Gastfreundschaft nicht gedankt.«
Dann dreht sie sich zu den anderen Frauen um. »Los, sperrt ihn in den Käfig!«
Zwei Frauen packen mich an den Armen. Sosehr ich mich auch wehre, ich schaffe es nicht, mich loszureißen. Sie sperren mich in eine Art übergroßen schaukelnden Vogelkäfig. Er ist so groß, dass bequem zwei Leute meines Alters hineinpassen würden.

| Tom schläft erschöpft ein: 7

249 – CCIL

Ärgerlich, dass ich den ganzen langen Weg zu Fuß zurücklegen muss. Oh, hätte ich doch nur mein Mountainbike dabei oder meine Inliner, das wäre cool. Aber zu Fuß gehen, das macht mich noch wahnsinnig. In diesem Moment sehe ich unten am Flussufer ein Boot, aus dem Leute aussteigen. Die Anlegestelle ist mir auf dem Hinweg gar nicht aufgefallen. Vielleicht ist es eine Fähre, die die Burg mit der Stadt verbindet? Ob ich mitfahren sollte?

➡ Tom will in die Stadt und hat mehr als eine Mark in seinem Geldbeutel. Er fährt mit der Fähre: 211

➡ Tom will zwar in die Stadt, hat aber nicht genug Geld dabei. Er muss zu Fuß gehen: 88

250 – CCL

Ich sollte auf den Rat des Glücksspielers hören und künftig einen großen Bogen um Glücksspiele machen.

Tom geht zum Wegweiser: 167

Tom im Internet

He, surfst du auch gern durch das Internet? Macht irren Spaß, oder? Dann kannst du mich ja mal besuchen. Auf meinen eigenen Tom-Traveller-Internetseiten. Ist natürlich nur etwas für echte Zeitreisende wie dich und mich. Auf diesen Seiten bekommst du Hilfe von mir, wenn du bei einem meiner Abenteuer mal irgendwo im Buch stecken bleibst. Vielleicht bin ich sogar selbst gerade da und wir können uns im Chat-Room miteinander unterhalten. Das wäre doch cool, oder? Und sieh dir unbedingt meine Sammlung über das Spätmittelalter an. Das war eine Mordsarbeit, sage ich dir. Hat aber immerhin mehr Spaß gemacht als ein Referat für die Schule zu schreiben. Ich habe natürlich nur die wichtigsten Daten über die Zeit zwischen 1250 und 1517, dem späten Mittelalter, zusammengesammelt. Alles Dinge, die echte Zeitreisende wie wir beide wissen sollten. Also, Reinschauen lohnt sich.

Selbstverständlich gibt's auf den Seiten auch Infos über weitere Zeitreisen-Abenteuer, eine Menge netter Bilder, natürlich auch von mir, und so vieles mehr, dass ich das alles hier nicht aufsagen kann. Besser ist, du guckst selbst mal vorbei. Und vergiss bloß nicht, dir meine megawichtige Tom-Traveller-Software herunterzuladen. Die ist absolut umsonst. Meinen Tom-Traveller-Bildschirmschoner, meine Tom-Traveller-Zeitreisenuhr und meinen Tom-Traveller-Stundenplandesigner. Die solltest du dir unbedingt besorgen.

So, ich werde mich jetzt in meinem Zimmer verkrümeln. Ist schon spät. Es wird Zeit, dass ich mein Buch weiterlese. Also, wir sehen uns im Internet. Ach, beinahe hätte ich das Wichtigste vergessen, meine Internet-Adresse. Hier, das ist sie:

www.tom-traveller.de

Man sieht sich,
dein Tom Traveller (Zeitreisender)

Fragen und Antworten zum Zeitreisen-Logbuch

Na, habe ich dir nicht versprochen im Notfall zu helfen. Schließlich sind wir Partner. Am besten, du fragst mich und ich antworte dir. So einfach geht das. Du wirst sehen, wenn wir damit durch sind, hast du den totalen Durchblick.
Für die Beispiele solltest du die erste Logbuchseite mit der Überschrift »Beispiel« aufschlagen. Sie befindet sich weiter hinten im Buch bei den Logbuchseiten zum Herausreißen.
Meinetwegen können wir jetzt anfangen. Wir beginnen mit meinem Rucksack. Konzentriere dich jetzt nur auf die Tabelle mit der Überschrift »Toms Rucksack«! Also, frag mich etwas!

Toms Rucksack

Was ist, wenn Tom einen neuen Gegenstand dazubekommt?
Nichts leichter als das! In der ersten Spalte der Tabelle mit der Überschrift »Gegenstand« schreibst du den Namen des Gegenstands hinein. Ab der zweiten Spalte mit der Überschrift »Anzahl/Inhalt« trage die Anzahl (z. B. eine »1« für ein Schwert) oder die Anzahl des Inhalts (z. B. eine »12« für den Inhalt des ledernen Geldbeutels mit zwölf Mark) ein. Ist doch klar, dass jeder Gegenstand eine eigene Zeile in der Tabelle bekommt, oder?

Was ist, wenn Tom einen Gegenstand dazubekommt, der sich schon im Rucksack befindet?
Auch kein Problem. Schreibe den Gegenstand nicht in eine neue Zeile, sondern trage die neue Anzahl in die jeweils nächste freie Spalte hinter dem schon eingetragenen Gegenstand ein! Eine Ausnahme gibt es allerdings. Nämlich dann, wenn ich einen Gegenstand dazubekomme, der sich schon einmal in meinem Rucksack befand und dessen Zeile du durchgestrichen hast, weil er mir vielleicht verloren gegangen ist. Logischerweise musst du dann eine neue Zeile beginnen.

Was ist, wenn Tom einen Gegenstand verliert?

Das ist zwar bitter, aber manchmal unvermeidlich, leider. In diesem Fall streiche wegen der besseren Übersicht die ganze Zeile komplett durch. Sieh dir dazu mein Beispiel an:

| Tom klettert in letzter Sekunde über die hohe Mauer und verliert dabei seine Feldflasche.

| »~~Feldflasche~~«

Siehst du? In diesem Beispiel geht die Feldflasche samt Inhalt verloren. Streiche in der Tabelle »Toms Rucksack« die gesamte Zeile mit dem Namen »Feldflasche« von der ersten bis zur letzten Spalte durch.

Das Gleiche gilt natürlich auch, wenn du einen Gegenstand ohne Inhalt verlierst wie hier.

| Tom verliert sein kleines Messer.

| »~~KleinesMesser~~ «

Am besten, du probierst das gleich mal auf der Beispiel-Logbuchseite aus. Entferne das kleine Messer aus meinem Rucksack, indem du die Zeile mit dem Namen »Kleines Messer« durchstreichst!

Habe ich schon erwähnt, dass sich durchgestrichene Gegenstände nicht mehr in meinem Rucksack befinden und ich sie natürlich auch nicht mehr benutzen kann?

Was ist, wenn Tom den Inhalt eines Gegenstands verbraucht?
Eine »0« als Anzahl bedeutet, dass ein Gegenstand leer ist (z. B. mein lederner Geldbeutel). Da ich während des Abenteuers immer wieder Gelegenheiten bekomme diese Gegenstände aufzufüllen, streiche den Namen des Gegenstands auf keinen Fall durch.

| Tom bezahlt die Äpfel.

| »Lederner Geldbeutel, –5«

Du siehst, hier wird nicht der lederne Geldbeutel, sondern sein Inhalt weniger. Ziehe deshalb vom Eintrag der letzten Spalte (z. B. »25«) fünf Mark ab und trage in die nächste freie Spalte das Ergebnis (jetzt z. B. »20«) ein!
Nicht vergessen! Immer dann, wenn sich der Inhalt in meinem Rucksack ändert, erscheint das Symbol »Toms Rucksack«. Das bedeutet, dass du Eintragungen in der Tabelle »Toms Rucksack« vornehmen musst. Hier findest du auch das Symbol wieder. In dieser Tabelle trägst du also alle Gegenstände ein, die dazukommen, die ich an mich nehme, verbrauche, weggebe oder verliere.

Toms Zauberkraft

Kommen wir nun zu meiner Zauberkraft. Konzentriere dich nur auf die Tabelle mit der Überschrift »Toms Zauberkraft«! Bist du bereit? Gut, dann frag mich etwas!

Was ist, wenn Tom Zauberkraft erhält?
Zauberkräfte sind total irre! Zauberkräfte werden mir durch magische Gegenstände (z. B. den magischen Stein, die Eichelranke

usw.) verliehen. Gesundheit bekomme ich durch Kräuter, die ich entweder selbst pflücke oder bei der Hexenmeisterin kaufe. Wenn ich Zauberkraft in Form von Magie oder Kräutern erhalte oder anwende, erscheint das Symbol »Toms Zauberkraft«. Du findest es auch neben der Tabelle »Toms Zauberkraft«. Sieh dir das Beispiel an:

Der Magier hängt Tom einen magischen Stein um den Hals. Der Stein verleiht ihm dreifache Zauberkraft. Wenn Tom den Zauberspruch Steinwandler spricht, verwandelt sich sein Gegner zu Stein.

»Magischer Stein, Steinwandler, +3«

Schreibe in die erste Spalte den Namen der Zauberkraft (z. B. »Magischer Stein«) oder des Krauts (z. B. »Schlafmohn«), in der zweiten Spalte seine Zauberkraft (»Steinwandler«) und in der dritten Spalte wie viele Male ich die Zauberkraft anwenden kann (z. B. »3«). Guck dir dazu dieses Beispiel an:
Tom kauft der Kräuterhexe fünf Stängel Schlangenwurz ab. Dieses Kraut heilt die sonst unheilbaren Wunden bisswütiger Trolle.

Tom gibt der Kräuterhexe fünf Mark für fünf Stängel Schlangenwurz.

»Schlangenwurz, +5«

»Lederner Gedlbeutel, –5«

In diesem Beispiel habe ich der Kräuterhexe fünf Stängel Schlangenwurz für fünf Mark abgekauft. Deshalb musst du nun die

Schlangenwurzstängel in die Tabelle »Toms Zauberkraft« wie oben beschrieben eintragen. In der Tabelle »Toms Rucksack« ziehst du dann noch die fünf Mark vom Gesamtguthaben in deinem ledernen Geldbeutel ab.

Was ist, wenn Tom Zauberkräfte wie Magie oder Heilung angewendet hat?

Du glaubst gar nicht, wie gerne ich zaubere. Das macht höllischen Spaß. Leider funktioniert es nur während meiner Zeitreisen. Ich habe tausend Ideen, was ich alles in der Schule damit anfangen würde. Auch die zickige Schwester meines besten Freundes Winni würde nicht zu kurz kommen. Oh, du hast Recht, ich schweife ab. Also, nach jeder angewendeten Magie oder Hexerei trage in die nächste freie Spalte eine Anzahl weniger ein, als sich in der vorherigen Spalte befindet. Bis diese eine Zauberkraft komplett verbraucht ist und als letzter Eintrag eine 0 in der Spalte steht. In diesem Fall streiche auch hier die gesamte Zeile der verbrauchten Zauberkraft durch.

Toms Stärke und Gesundheit

Kommen wir zu den letzten beiden Tabellen, zu meiner Stärke und zu meiner Gesundheit. Konzentriere dich nur auf die Tabellen mit den Überschriften »Toms Stärke« und »Toms Gesundheit«! Kann es losgehen?

Was ist, wenn Tom an Stärke oder Gesundheit verliert oder wieder gewinnt?

Eines sage ich dir, schwänze bloß nie den Sportunterricht! Wenn du wüsstest, wie viel Kraft man so im Leben braucht, wirst du feststellen, dass regelmäßiges Training genauso lebenswichtig ist wie die volle Cola im Zimmer oder reichlich Kleingeld für Eis oder Pommes im Portmonee. Wenn ich während des Abenteuers laufe oder gegen schräge Typen kämpfen muss, geht mir manchmal ganz schön die Puste aus. Obwohl niemand behaupten kann, dass ich unstark wäre. Trotzdem kann mich übertriebene Bewegung ganz schön schlapp machen. Wenn du also Stärke oder Gesundheit aus dem Logbuch zuzählen oder abziehen musst, erscheint das Symbol »Toms Stärke« oder »Toms Gesundheit« und daneben die Anzahl der zuzuzählenden oder abzuziehenden Punkte. Sieh mal, ein Beispiel:

»–10«

Das Laufen in dieser Hitze kostet Tom Kraft.

»–5«

Tom hat sich beim Zweikampf verletzt.

Hier verliere ich an Stärke und an Gesundheit. Ziehe deshalb vom Eintrag der letzten Spalte (z. B. »100«) zehn Stärkepunkte bzw. fünf Gesundheitspunkte ab und trage in die nächste freie Spalte das Ergebnis (bei Stärke jetzt z. B. »90« und bei Gesundheit jetzt z. B. »95«) ein!

Die Mindestgrenze für Stärke und Gesundheit ist null, die Höchstgrenze 100. Wenn du während des Abenteuers Stärke oder Gesundheit zuzählen musst und das Ergebnis höher als 100 Stärkepunkte ist, trage trotzdem die Höchstgrenze, also 100, in die nächste freie Spalte ein! Ist das Ergebnis beim Abziehen von Stärkepunkten niedriger als null, dann trage hier die Mindestgrenze von null Stärkepunkten ein! Wenn die Gesundheitspunkte allerdings bis auf null geschrumpft sind, ist das Abenteuer leider beendet. Dann müssen wir einen neuen Versuch starten.

Was ist, wenn Tom seine ganze Stärke wieder bekommt?
Wenn ich ausgeschlafen habe, komme ich natürlich wieder zu Kräften. Ich bekomme meine anfänglichen 100 Stärkepunkte wieder. So einfach ist das!

| Tom hat ausgeschlafen. Er hat wieder 100 Stärkepunkte.

| »100«

Tom Traveller - Zeitreisen Logbuch

Beispiel

Toms Rucksack

Spracheübersetzer	1										
Feldflasche	1										
Lederner Geldbeutel	14	10	0	20							
Apfel	5	3	0	3							
Schwert	1										
Kleines Messer	1										

Toms Zauberkraft

Zaubermittel	Zauberkraft	Anzahl der Anwendungen							
Magischer Stein	Steinwandler	3							
Schlangenwurz	Trollbissheiler	5							

Toms Stärke

100	95	85	70						

Toms Gesundheit

100	75								

Zauberspruch-Pergamentteile

Tom Traveller – Zeitreisen Kampfplan

Beispiel

Diese Kampfliste ist nur ein Muster. Verwende die nächsten, nicht ausgefüllten Formulare für deine eigenen Eintragungen. In diesem Beispiel hatte Tom nach sechs Würfelzügen gegen einen Gegner der Stärke 3 gewonnen.

Tom	Gegner	Tom	Gegner	Tom	Gegner	Tom	Gegner
5 +	2						
3	3						
1	6 +						
4 +	3						
1	1						
3 +	1						

Tom Traveller - Zeitreisen Logbuch

Toms Rucksack

Gegenstand	Anzahl/Inhalt										
Spracheübersetzer											
Feldflasche											
Lederner Geldbeutel											
Apfel											
Schwert											
Kleines Messer											

Toms Zauberkraft

Zaubermittel	Zauberkraft	Anzahl der Anwendungen							

Toms Stärke

100									

Toms Gesundheit

100									

Zauberspruch-Pergamentteile

Tom Traveller – Zeitreisen Kampfplan

Tom	Gegner	Tom	Gegner	Tom	Gegner	Tom	Gegner

Tom Traveller – Zeitreisen Logbuch

Toms Rucksack

Gegenstand	Anzahl/Inhalt										
Spracheübersetzer											
Feldflasche											
Lederner Geldbeutel											
Apfel											
Schwert											
Kleines Messer											

Toms Zauberkraft

Zaubermittel	Zauberkraft	Anzahl der Anwendungen							

Toms Stärke

100									

Toms Gesundheit

100									

Zauberspruch-Pergamentteile

Tom Traveller – Zeitreisen Kampfplan

Tom	Gegner	Tom	Gegner	Tom	Gegner	Tom	Gegner

Tom Traveller – Zeitreisen Logbuch

Toms Rucksack

Gegenstand	Anzahl/Inhalt										
Spracheübersetzer											
Feldflasche											
Lederner Geldbeutel											
Apfel											
Schwert											
Kleines Messer											

Toms Zauberkraft

Zaubermittel	Zauberkraft	Anzahl der Anwendungen							

Toms Stärke

100									

Toms Gesundheit

100									

Zauberspruch-Pergamentteile

Tom Traveller – Zeitreisen Kampfplan

Tom	Gegner	Tom	Gegner	Tom	Gegner	Tom	Gegner

Tom Traveller – Zeitreisen Logbuch

Toms Rucksack

Gegenstand	Anzahl/Inhalt										
Spracheübersetzer											
Feldflasche											
Lederner Geldbeutel											
Apfel											
Schwert											
Kleines Messer											

Toms Zauberkraft

Zaubermittel	Zauberkraft	Anzahl der Anwendungen							

Toms Stärke

100									

Toms Gesundheit

100									

Zauberspruch-Pergamentteile

Tom Traveller – Zeitreisen Kampfplan

Tom	Gegner	Tom	Gegner	Tom	Gegner	Tom	Gegner